罵讚台灣人與事

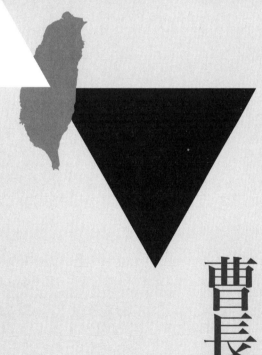

曹長青

目次

【自序】
最壞的中國人在台灣

　　我原來一直以為，最壞的中國人在中國，但多次來到台灣，並在美國遠距離觀察之後，才發現最壞的中國人在台灣！我在電視上說了這話之後，有朋友問道，難道還有比毛澤東更壞的中國人嗎？我說，毛澤東之類是殺人惡魔，不在「人」的討論範疇。而且，我說的「中國人」不限定居住地，而是指「自我認定」是中國人的人。

　　我所指的最壞的一類人，主要是指文人，而且主要不是指意識形態、思想觀點上的敵人，而是指人品。思想觀點不同屬正常，更何況思想觀點誰都可能往不同的方向改變。但人品、德行方面的邪門，幾乎是無可救藥的。

　　無論政治傾向如何，在正常人那裡，一些最基本的價值觀是共識的，比如不能撒謊、欺騙、不擇手段地損人利己等。

　　而邪門的一類人，頭腦裡是沒有這些基本上概念的。比如陳文茜，在台灣總統大選這麼嚴肅、重大的問題上，她就膽敢編造「奇美小護士」的謊言，膽敢在眾目睽睽之下，臉不變、心不跳地欺騙整個世界！而且，更令人目瞪口呆的是，事後，她竟然很自得地在中國炫耀她這一「壯舉」。同樣，她刻意地弄一個絕不

讓台灣人民公投成功的「鳥籠公投法」，事後也是洋洋自得地對中國媒體說：「我表面上給你這個東西，但後面都是假的。」竟全然不知恥地招搖自己欺騙和踐踏台灣人民尊嚴的惡行。連共產黨、國民黨都不敢公開這麼無恥吧？

坦率地說，在經歷了共產殘酷、文革惡鬥的中國文人中，我都不知道有誰敢這麼理直氣壯地撒謊，尤其是就公共事務。當然很多人撒過謊，甚至彌天大謊，但撒謊者都是強調他們說的是真話，絕不敢理直氣壯地為自己的謊言而得意，尤其是公開地、在公共媒體上得意地直言：看我的謊撒得多妙！陳文茜居然連撒謊是惡行都不知道！如果知道，可以無恥到如此地步，難道不是最惡質的一類人嗎？

再比如躲在陰暗角落、用人間最刻毒語言罵台灣人的郭冠英（范蘭欽）。即使針對某一個他個人的仇敵，都過分到下三流的小地痞程度，而對一個種族，那就是不可原諒的邪惡！全世界到處都有歧視，但如此惡毒、囂張地歧視、侮辱一個民族的，大概只有希特勒能跟他比。看郭冠英那些毒蠍子般的文字，我一絲一毫都不懷疑，他要是有希特勒那種權力，會把台灣人全都送進毒氣室。郭冠英的下作，遠超過我所知道的任何中國文人。如果他也可以被算在人的範疇，難道不是最陰毒的一類嗎？

在中國，有無數無恥的、給獨裁政權護航的文化人，但在21世紀，你找不出任何一個文人，像李敖那樣，讚揚共產主義，推崇毛澤東，歌頌鄧小平，給六四屠殺辯護，甚至說要讓共產黨再活一千年。這個以反國民黨專制而起家（今天卻瘋狂反民主台

灣、反自由美國），這個當下還裝模作樣給胡適做雕像的風頭
狂，真相信他自己的瘋言瘋語嗎？他是一個為贏得更多民族主義
憤青粉絲而不擇手段的典型。這個在台灣立法院展覽他身體的醜
陋、去中國給獨裁者招搖靈魂醜陋的文痞，在中國幾千年的歷史
上再也找不到第二個。李敖高喊了一輩子他是「第一」，沒錯，
「文壇邪門之冠」非他莫屬。

　　本書在痛斥一些醜陋的文化人、政客的同時，也推崇了一些
我個人接觸到的、代表正向價值的人物。在台灣，雖然有了選舉
層面的民主制度，但在司法領域，在言論和新聞自由領域，在整
個社會文化中，黨國專制時代的遺毒仍滲透社會的每一個角落，
通向一個正常、完善的民主國家之路仍步履艱難。許多英雄奮鬥
了，倒下了，無數優秀的個人仍在不懈地努力著。中華文化習慣
通過讚美君王來灌輸大一統、群體主義的思維，西方文化則善於
通過謳歌優秀的個人來推崇個人主義的價值。個人主義價值的核
心是個體自由、個體權利、個體尊嚴。在「華人社會」這個概念
下，台灣是一個「個體」，為了這個「個體」的權利和尊嚴而奮
鬥的「個人」們，應該成為年輕人的榜樣。

　　本書也通過對某些人與事，以及一些重大案例的分析，來探
討其背後在制度、法律和文化層面的價值等問題。

　　最後，由於我在本書中痛批了一些文化界和政界的所謂名
人，有朋友警告，要小心訟棍李敖、缺德的施明德，還有那個不
斷贏官司的毒夫馬英九等，來打誹謗官司。所以我在這裡特別聲
明，本書的所有文章，我都文責自負，跟前衛出版社沒有關係。

如果他們有誰要跟我打誹謗官司，我不僅將奉陪到底，而且宣告：他打一個誹謗官司，我一定至少再寫十篇痛斥他，看他的官司打得快，還是我文章寫得快。

曹長青

2017 年 4 月 18 日於台北

輯一

心態畸形的文化人

中國文化毒死李敖

　　在封閉的中國剛開放的時候，我曾欣賞過李敖。主要出於這幾個方面的原因：一是他曾痛批中國傳統文化中的糟粕，推崇西方自由主義價值，高歌主張西化的胡適。李敖早期比較有影響的作品是《播種者胡適》，讚美胡適在新文化運動中所起的作用，肯定他想走西方民主之路的努力。

　　二是李敖當年敢批判國民黨、嘲諷蔣介石。這跟他推崇西化有關，或者說，任何推崇西式自由民主的人，就必然跟代表專制的蔣介石和國民黨發生衝突。自由與專制無法相容。在當年維護蔣家王朝、頑固守舊的中國文人主導台灣文壇的年代，李敖那些跟（政治和文化的）權勢們戰鬥的文字，表現了一種反專制精神。

　　三是李敖很用功，好像讀了不少書（但基本局限於跟中國有關的），下的資料功夫也超過很多人，而且他還頗有活學活用歷史的能力。與此同時，他勤奮寫作，無論好壞，他那大概有幾百萬字的文章書籍，應該是熬了不少心血的結果。

　　除此之外，李敖有一條寫作原則也是我信奉和力求實踐的，那就是文章要盡量寫得通俗易懂，不要掉書袋，不要用一些大詞

唬人。李敖曾強調，他的文字要讓中學生和家庭主婦都能看得懂，我迄今贊同他這個主張。西人有言：那些故意繞來繞去、玩弄深奧詞彙的，其實就是把淺水坑攪渾了，讓你看不到底，以冒充深刻。李敖早期推崇自由主義、反國民黨的文字的確通俗易懂，也簡練、乾淨。但他後來這幾十年的東西我早已不看了，因為垃圾用多麼漂亮的盒子包裝過來也不能吃，更何況這年頭漂亮盒子越來越多，李敖的早已不上數了。

李敖後來之所以成為我最痛恨的惡棍、文痞，認為他是中國人中的惡之最（他自認自己是中國人，不是台灣人），其中第一個原因，是他做人的缺德。政治觀點另當別論。

以他跟蕭孟能的官司（詳情網上有很多）為代表的諸多事情表明，李敖是個完全沒有一點良心、沒有一絲道德底線、沒有任何做人基本規矩的「非人」。他後來一路把打官司告誹謗當作一個賺錢之道，其邪門思維是正常人無法想像的。之前在中國，根本不瞭解李敖的為人和他那一堆令人目瞪口呆的惡行。世界上流氓很多，但文人能做到李敖那麼流氓的，古今中外都沒讀到過，更別談見識過了。

世界上偽善的文人很多，說一套，做一套；即使不是偽善的，也多是說的比做的好（這是自然的，很少有人能達到自己推崇的高度）；但無論如何，最起碼，大家都是宣揚正向價值。而李敖不同，他不僅行為缺德，更堂而皇之地公開宣揚損人利己的、負向的、甚至反動的價值（這裡拋開政治觀點、意識形態，僅指基本做人準則方面），最典型的一句是：「我一點虧都不吃

的⋯⋯，過去吃虧就是吃虧了，可是現在我要占便宜占回來。我這人就是這樣，絕不吃虧。」這跟曹操的「寧教我負天下人，休教天下人負我」完全是同一個邏輯。如此文人，天下罕見。誰跟「絕不吃虧」的人沾邊，誰就註定倒八輩子霉，蕭孟能就是最晦運的一個。

從李敖做人的極端缺德可以看出，他認認真真讀那麼多中國古書，吸收的全是惡，中國文化中好的一面跟他不沾一點邊，真是一絕。他能把中國文化私德中的「惡」學得很到家，對那個文化中意識形態的惡——沙文主義，更是消化、吸收到骨縫裡了。這就談到他的政治觀點了。

反台獨當然是沙文主義的最典型表現。而在所有反台獨的人中，達到李敖那種程度的，並不多見。如前所述，李敖早期曾推崇西方自由主義和個人主義，但他鬧劇一樣的反台獨，徹底改變了我對他「推崇自由主義」的認知。最近重讀《播種者胡適》一文才意識到，該文多是敘述歷史，他自己的觀點只占很少部分，而且還有明顯的錯誤之處，比如他寫道，個人主義「英文是 individuality，可譯作個性主義，這主義的特性有兩種：一種是獨立思想，不肯把別人的耳朵當耳朵、不肯把別人的眼睛當眼睛、不肯把別人的腦力當自己的腦力；二是個人對於自己思想信仰的結果要負完全責任，不怕權威、不怕監禁殺身，只認得真理，不認得個人利害。」

明擺著，Individuality 是指個人的特性、特點、特色，既不是李敖上述的解釋，也不是個人主義、個體主義 。我無意嘲諷

李敖的英文，因為某個英文單詞的意思查字典就可以知道。但「個人主義」則是一個被東方所有專制政權都妖魔化的詞彙，其確切的涵義，則需要對西方民主社會（尤其是美國）的根基有非常清楚的認識才能真正懂得。

個人主義是individualism。個人主義的根本價值，是保護個體的自由、個體權利、個體的尊嚴。懂得和尊重這種價值的人，絕對不會反台獨，因為無論歷史上台灣是否是中國的一部分，在個體主義的價值下，今天必須尊重台灣人民的選擇權。相對整個中國來說，台灣是一個個體，中國應該尊重這個個體的選擇；相對整個台灣來說，每一個台灣人是一個個體；所以只有用公投的形式來決定台灣是否應該獨立，才能最大程度上尊重多數個體台灣人的意願。

事實上，在李敖那裡，個人主義就是個人風頭、個人利益；自由主義就是言語可以胡說、行為可以放縱。他全然不知真正的自由伴隨的是責任。李敖宣稱欣賞胡適。胡適是反共、推崇自由主義的謙謙君子，李敖則去做胡適的正反面。李敖讚美胡適「有所不為、他潔身自愛」。有所不為，是指做人有底線；潔身自愛，是看重自己的個人尊嚴。而李敖不僅在思想領域徹底人格分裂，早已把自己的尊嚴踩在腳下，在私生活領域，更是時刻不忘拿自己當猴耍；自卑自賤到成天炫耀自己有多少女人也罷了，還把自己的正面裸體貼到自己的書裡，更舉到立法院的講台上，那就等於說，他跟大猩猩沒兩樣，談何「人」的尊嚴？不知那幅大猩猩照片是如何面對他女兒的。

李敖不僅當年在狀況外，晚年就更走到了他自己所理解的「個人主義」的正反面。他當年欣賞胡適，「以望七之年，（在紐約）親自買菜做飯煮茶葉蛋吃。」而他自己今天卻為個人利益去投中國獨裁者和憤青們所好，諂媚共產黨，煽動民族主義情緒，而且瘋狂反美，居然寫出《陽痿美國》那種比網上五毛憤青更低級的東西，甚至在演講時說：「一切中國的苦惱，都是美國帶來的。」李敖變成了一個井底「毒」蛙。

　　除了反美、反台獨之外，按說一個反國民黨專制的人，應該更反共產黨，因為徹底剝奪私有財產的共產黨更邪惡。但靠反國民黨起家的李敖，晚年卻跑到共產黨的地盤說共黨創造了中國的盛世，要大家「保住它，共產黨願意為人們服務嘛！我們就是人民，讓它為我們服務」，「你要照顧它，我們希望共產黨活一千年，我們在它背上貼著它、哄著它、耐著它，讓它為我們服務，有什麼不好？」「中國曾經經過那麼窮苦的日子，現在雖然還是會窮苦，但比起以前真是程度不同了，感謝中國共產黨！」這種話，即使是最無恥親共的中國國內文人都說不出口。至此，李敖當年反國民黨的意義已經蕩然無存，成為一個人格分裂的典型。

　　李敖一面刻苦用功，勤奮讀書寫作一輩子，欲做思想家，一面胡吹亂謅，得意洋洋地宣揚損人利己之道，更像街頭小地痞般把自己當猴耍。這種精神分裂的例子在古今中外的文壇上，你都絕對找不出第二個。但在華人世界，怎麼就可以出現一個李敖這種人格分裂的怪物？這裡起碼有四個原因：

　　第一，讀中國古書中毒。跟柏楊同樣，雖然他們早年都是反

對中國傳統文化中的糟粕，但在反復咀嚼那些糟粕的同時，他們吸取了那些糟粕中最毒的成分──沙文主義。沙文主義的核心，就是不尊重他人的選擇權；這種不尊重，在家庭的體現是父父子子，在國家內的體現是君君臣臣，在民族和國家範疇，就是大民族主義。

除了沙文主義之外，中國文化裡還有一堆害死人的負面價值：人和人之間的勾心鬥角、爾虞我詐、唯利是圖等等，其陰毒、邪門超過全世界任何一個國家的任何一個種族。而李敖又是刻苦用功地把那些毒素好好地咀嚼、消化、吸收，身體力行，成為展現那些毒素的最典型載體。

第二，台灣的特殊環境。台灣之前屬於日本，所以台灣知識分子對中國文化沒有中國人那麼精通（台灣的幸運），再加上228一大批台灣文化菁英被殺害（台灣的悲哀），於是在台灣「外省人」那個非常小的中國人圈子裡，李敖稍微刻苦用功一點，就在台灣島成「王」了，於是他就狂妄到不可一世了。

那為什麼當年在中國也有很多人欣賞過李敖呢？很簡單：其一，因為共產黨也反國民黨，所以允許他的東西在中國發行。其二，如果李敖在中國，他早就被抓進監獄滅掉了（當然更可能是，以李敖的精明，他早就圓滑閉嘴了，他2005年的所謂「神州之旅」足以證明他是那類人）；正由於在中國任何一點反專制的思想表達都被滅掉了，所以中國人是從反（共產黨）專制的角度看李敖那些反國民黨的作品。

同樣，如果李敖是在美國那種自由的環境，其一，他的那點

想法根本不會「出奇」，絕不可能讓他像在台灣這麼出名，絕不會提供（媒體）條件讓他像在台灣這麼狂妄；其二，他那些反人類正向價值的言論、他那些13點的瘋言瘋語，他那些大猩猩舉動，（根本不等他發展到那一步）早就被知識界口誅筆伐、扒三層皮了，他早就像老鼠一樣鑽地洞不敢見人了。

所以，在海峽兩岸都「非正常」的環境下，李敖這個怪胎就產生了。但這樣的怪胎怎麼能被容忍、怎麼能繼續存活呢？這就是因為下面的原因：

第三，台灣的惡法。台灣有個不僅是落後，簡直是反動的誹謗法。所謂的誹謗可以被判刑事罪，不僅會被罰款，還可能會坐牢；雖然判六個月以下可易科罰款，即以繳錢抵刑期，但當事人必須出庭。任何人批評李敖，都可能被他告誹謗；而且陳文茜明說，告人是李敖的一個賺錢之道。很多被李敖提告的人和出版機構，不願出庭見到李敖，或不願麻煩，就給他一筆錢庭外和解了事。於是李敖就不僅賺到了和解費，更養出了他的霸道，越來越少的人敢批評他。所以是台灣的惡法在保護李敖這種惡人，讓他成為文壇一惡霸。就我這本書，這篇文章，已經被好幾位朋友警告，小心李敖告你。那我就等著，他要來告，我非跟他打到底，絕不和解！而且會信守本書序言諾言，起碼再寫十篇罵李敖。就不信惡霸能惡到底。一個作家、批評家，最應該以文字對文字，言論對言論，可李敖卻以最善長打誹謗官司而讓很多批評者卻步，真是邪惡！

第四，前面談到的，都是產生李敖這個怪胎的外在因素，在

此之上，還有一個重要的內在因素，那就是李敖有一股超出常人的偏執狂般的風頭慾、名利慾。上述幾個特殊因素和條件，使他在台灣「成王、稱霸」了，於是他更加狂妄，風頭慾也更強，整個成了一個風頭狂。

風頭狂為了自己的風頭而口出狂言。他往往有些性格特點，也有超出一般人的表達能力，所以他敢說話，尤其說那些普通人想說卻沒膽、也沒能力說的話，於是他就人氣衝天了。這種人表面上是在追求某種理想，但實際上是「為風頭、為人氣而奮鬥」。其最突出的特色，就是他不僅要無聲無息的金錢利益，他更要風頭、要榮耀、要得意、要做老子、要你們都來諂媚我……。對他來說，要風頭之癮超過要毒品。

當正向價值、大眾的心聲和他自己的利益在一個軌道上的時候，這種人的確很「敢言」，因為他清楚，自己的言論貌似出格，卻得人心、頗有人氣，不僅沒損失，還能給他帶來名利雙收的利益。但當說真話沒有既得利益，與他自己的名利不在一個軌道上，跟他的自身利益發生衝突、甚至可能會有損失的時候，他就會立刻轉向，是另一番表演了。李敖的中國行、北大演講都詮釋了這種人的生活哲學。

換句話說，風頭狂也不是沒有理念，但追風逐利是第一，是他的出發點和目標，甚至成為一種生理需求。這類人腦子裡壓根就沒有原則、理念、底線、尊嚴這些概念。如果說有，那他的準則就是大眾的風向，他的底線就是自己的切身利益。這種人非常現實，就是李敖的絕不損失，絕不吃虧，其本性是「痞」。

這就是這類人為什麼常常變化、自相矛盾、人格分裂的根本原因。這類人的變化，絕不是在追求真理過程中真誠的思想轉變、心靈成長，而是對時局、個人利益權衡後的結果。這種人在哪個陣營都是可怕的，因為他遲早會為風頭和利益而放棄原則、放棄理念，那個時候，他就是你追求理念征途上的最大障礙，如果不是最大敵人的話。像李敖，就可以從最高調罵國民黨、鼓吹自由主義，一下子成為給共產黨點頭哈腰的自我精神閹割者。再如台灣的另一個風頭狂施明德，可以從民進黨主席變成紅衫軍總指揮。

　　人追求名利當然沒什麼錯，這既是人的天性之一，也是促使個人奮發、促使人類前進的動力。但名利的前提是真正「建功立業」、做正派的人（而不是痞子）。而風頭、名氣、人氣、利益只能是建功立業道路上的副產品，但很多人卻以追逐副產品為奮鬥目標。他們不知道，如此做法的最終結果，就是得到他們期待的正反面。在這點上，施明德是一個樣本，李敖更是一個典型。

　　他要風光、渴望被重視、被尊敬，但結果不僅在民主台灣被淘汰（除了陳文茜，還有人把李敖當回事兒嗎？）在中國知識分子中更被淘汰（連毛左派都不買他的帳，更別談自由派知識分子了）。他大概只在「不醒人事」的年輕憤青裡還有點市場。一旦中國民主了，人們有了言論自由，李敖在中國的情形就會更慘了，會徹底被邊緣化，被淘汰。

　　李敖羨慕胡適「不是一個過時的人」，也知道「過時的人社會早把他遺棄，至少不再重視他」。結果李敖還活著，一個最渴

望被重視的人，就眼睜睜地看著自己「完全不被重視」的命運。

　　李敖對自己的現狀當然很清楚，所以對自己的人生結局很悲觀。在陳文茜（2015年）給他主持的一場演講會上，他以一種非常失意的口氣勸告台下的年輕聽眾，「你們不要學李敖」，等於否定了自己。於此同時，他讚美、羨慕陳文茜多有錢，幾條狗都有專人養。這就是今年82歲的李敖在臨近蓋棺論定年齡的最後人生哲學。

　　一個人辛辛苦苦努力了一輩子，寫了上千萬文字，最想要風光，最想得到尊重，結果落到不僅被遺棄，更被正常文化人（無論哪個陣營）當小丑看的地步。李敖其實是非常可憐的。追根究柢，我認為最根本的是中國文化裡面的毒素害了他。能把漢武帝之後的十幾個皇帝倒背如流的李敖下了太多功夫研習怎樣毒死自己。在這點上，他成功了。

欠罵的陳文茜

　　很多人對我做爲中國人卻不支持傾向中國的台灣「泛藍」陣營表示極大的不解。對熟人，我沒功夫跟他們講「人民有自決權」的大道理，就簡單一句話：即使不談蔣介石軍隊當年屠殺台灣人的228，即使不談蔣家王朝專制台灣近半個世紀，即使不談國民黨的黑金政治和黑幫政治，即使我對台灣政治一竅不通，就憑「國親」兩黨得到台灣文化界的打手、流氓、惡棍們的擁戴，我就不會支持泛藍。

　　在那些文化打手裡面，最齷齪之一是有人形沒人魂的文化娼妓陳文茜。

　　中國文化是很強調臉面的。但我最早知道陳文茜的「不要臉」，是在柏林牆倒塌後某一年。當時在香港《開放》月刊上看到署名「陳文茜」的小說。那情節的確很陳文茜，說在東西德人民刨掉柏林牆時，台灣的幾對男女則在交媾。電視畫面上人家刨掉一塊磚，這些男女就做一次，美其名曰，他們在追求通往自由之路。最後柏林牆倒了，那些男女也像一堆爛肉癱倒在地。開始以爲可能重名，後來從編輯那兒得知，作者眞的就是台灣的「什麼小妹大」。原來在她那裡，自由，就是「隨便交媾」的「北港

香爐」。

　　記得當年從報上看到有關小說《北港香爐》的報導，還有點為陳文茜打抱不平，覺得小說作者如果有膽量，應該真名實姓地公開批評，而不應該那麼「殘酷」地影射。但那畢竟是「小說」，書中那個有點小聰明、靠出賣色相而在政治之床向上爬的女人是虛構的。倒是陳文茜自己「對號入座」，自愧得又哭又嚷，還說要「自殺」。當時還真令人同情，畢竟人家有「要臉兒」的時候。

　　但「自殺」只是說說而已，到「三溫暖」泡一泡就回來了，別人白「浪費」了同情。後來又從報上讀到，「小妹大」自己公開宣稱，「乳房是社交工具」。這下誰都明白了，那個「北港香爐人人插」大概也不太過分，既然對號入座的人自己都坦然宣稱「社交」是用什麼搞的。

　　以在紐約居住多年的眼光來看，這種事在美國也不稀奇，歌星瑪丹娜為打名聲拍「寫真集」把自己脫個精光，一絲不掛地在大街上忸怩作態。但不同的是，瑪丹娜，還是賣褲下，都不會再去主持什麼電視評論節目，發布道德訓詞。人家是專業意識明確，不會再去「立什麼牌坊」。

　　但一個歌頌濫交，公開宣稱乳房是交際工具的人，卻還有臉在台灣的電視、報紙上教導大眾怎麼建立政治道德規範。更荒謬的是，這種人還去做立法委員，參與制訂包括教育青少年的法律和國家政策。義大利有過妓女議員「小白菜」，但她當時就是一個供晚上失眠的老男人解悶的「笑料」，很快就被淘汰出局，成

為「老白菜梆子」而被人忘記。但人家「小白菜」也沒敢主持電視政治評論節目，分析政治白菜的乏味。

不僅是義大利，在美國更是這樣；即使沒有過宣揚濫交、乳房是交際工具等不堪，僅僅因為是國會議員，就沒有可能再主持電視節目，因為這兩個角色是衝突的。媒體之所以被稱「第四權」，因為它最主要的功能就是監督權力者和政府。而陳文茜則是白天進立法院，做權力者和決策者；晚上進電視台，主持政治評論，是立法院的監督者；在社會上，用渾身解數發揮「交際工具」的作用，回到家裡，再為報紙寫唱道德高調的文章。真是黑、白、紅，道道通吃，就像一個人白天頂著大蓋帽做警察，晚上穿上性感服裝，到紅燈區當妓女去了。而且是兩邊的錢都拿。

目前台灣媒體對政治人物上電視的做法很不專業。立法委員們（或者任何政要）上電視政論節目居然還可以領取出席費。在美國，對於任何靠選票上台的人，和要參選的人，能得到電視曝光，等於給自己打廣告，已經大大地增加了贏選票的機會，媒體絕不可能再支付出席費，而且付費是違反新聞業規的。明擺著，媒體請某些候選人上電視，還支付出席費，對其他候選人是不公平的，等於媒體倒貼給某些候選人做廣告。

在台灣參選一個立法委員，據說至少需要一百萬美元。於是那些可以上電視的立法委員們，不僅省了一大筆廣告費，而且還有錢可賺。在台灣做官居然可以有這等美事，怪不得搶破頭。如此不符合政府官員和新聞媒體雙向規矩的事，在台灣我還沒聽過任何檢討的聲音，真是咄咄怪事。

而陳文茜，是在做立法委員的同時自己主持一個政論節目！立法委員做電視節目的（領取出席費的）固定來賓已經是太超過，而主持一個新聞政治評論節目簡直就是政府官員跟媒體的亂倫。這種荒唐事在台灣居然沒看到有人抗議，為什麼？就因為台灣人民太習慣於黨國媒體——政府官員跟媒體從來都是一體的，這兩個權力的結合而主宰民意是正常的。沒人意識到，陳文茜委員應該是《文茜小妹大》節目監督、批評的對象。當然，縱容《文茜小妹大》給陳文茜委員歌功頌德，不是陳文茜的錯，是台灣媒體和政府的雙向欠規矩。

　　在台灣期間，還在電視上曾看過陳文茜和蔡英文就大選公投辯論。陳文茜那身好像鄉下公路邊開低檔妓院的老闆娘打扮、那招攬生意的腔調，實在令人大倒胃口；而她胡攪蠻纏、玩世不恭的態度，更是令人不齒。她根本不跟對手嚴肅地對談，而是清清楚楚地蠻不講理，而且還一副居高臨下、連上帝也毫不在乎的樣子。實際上，陳文茜只配去跟李敖談，諸如北港香爐插了多少香，「社交工具」交際到多少好處之類。由這種女人來談台灣的大選、公投、台灣前途，真是台灣政壇的鬧劇一場。

　　但就這麼一個沒有廉恥感的「交際工具」擁有者，卻成了國親兩黨的顧問高參（高級參謀）。在2004年台灣大選投票前一天晚上，發生著名的319槍擊案，爭取連任的民進黨陳水扁總統受到槍擊，當晚陳文茜在國民黨總統候選人連戰、宋楚瑜的競選總部講話，在電視上宣布，奇美醫院小護士向她「舉報」，指綠營自編自導。當時就有人指出，小護士就是陳文茜自己，整個事情

是她編造的，但那只是猜測。結果後來陳文茜本人露了底牌，她在接受中國《南方人物周刊》採訪時說：「當時說那個槍擊案是假的，那是很嚴厲的指控。當時我們已經講好，我做黑臉，馬英九做白臉，大家都是在演戲。」

原來國民黨鬧得很凶的所謂「槍擊案造假」，有關總統大選，有關人命，有關殺人罪，竟然是馬英九跟陳文茜們一起造假、演戲！這難道不是反了天了，膽大包天了嗎？她（和國民黨們）居然比中國的謊言皇帝們更敢撒謊！而且撒了彌天大謊後，居然全然不知恥地說他們在玩黑臉白臉呢。他們壓根不知道做「人」是有規範的，如此撒謊，只能是個「什麼東西」！

當年記者會結束時，宋楚瑜、王金平等國親要角，爭相對陳文茜表達「謝意」的諂媚之狀，已經預示了國親的失敗。他們把這種既無道德、更無羞恥感的文化打手寵為「女皇」、言聽計從，那只能讓越來越多的人，僅憑這些任何道德底線都沒有的「文化流氓們」為國親吹號吶喊，就不能支持他們。

陳文茜從跟民進黨玩（做過民進黨文宣部主任），到投靠國民黨，現又去親共產黨，「黑臉、白臉」不斷「變臉」。現在，台海兩岸的人們都明白了，什麼叫做「不要臉」！

陳文茜更大的惡行是，她洋洋得意曾參與起草那部騙人的「鳥籠公投法」。國民黨主導制定的那部法律，目的就是不讓台灣人民有公投成功的可能 。對此，陳文茜就像炫耀她造假欺騙的「奇美小護士」一樣對中國《南方人物周刊》說：

我們通過了「公投法」，大陸不想我們通過，但是並不知道，已經沒有任何政黨可以不通過「公投法」。所以我的方法是，我通過「公投法」，但我要讓「公投法」什麼都不能投。「主權」也不讓投，「領土」也不讓投，「國號」也不讓投，什麼東西都不能投，而且投的門檻高得不得了：所有公民數的一半。那時候連宋都很擔心，我告訴他們，不要怕，公投一定會垮的，前面那些公投都是假的，因為我要全體公民數的一半，那你怎麼投？……投票率都只有八成，所以你只要有三成的人反對，他就輸掉了。這就是「立法」的技巧。「公投法」大部分是我寫的，……我表面上給你這個東西，但後面都是假的。

如此理直氣壯地公然欺騙，用耍流氓的方式，對待台灣人民用生命和鮮血追求的公投權利。是可忍，孰不可忍！歷史已經證明，那些公然造假，理直氣壯行騙的陳文茜們，正在親手埋葬國民黨。

靠Lady Gaga那種妖魔鬼樣矇上了一次立法委員的陳文茜，還絕不忘去中國吹噓：「我和李敖，都是只要登記，不用競選都可以選上。」

她當然知道自己是撒謊如撒尿。李敖憑他做風頭狂得來的知名度，以吊車尾的票數撿了一次立法委員。而他跟那個被定罪的強暴犯馮滬祥搭檔選總統的時候，只拿到16,782票（得票率0.13%）。連那個既無信也缺良的許信良都拿到79,429票（得票

率0.63%），可見李敖在台灣已被淘汰到何等地步，只剩跟陳文茜惺惺相惜，可憐兮兮的份兒了。

對李敖用「告人」方式賺錢的缺德欣賞不已的陳文茜，因自卑而自大，欲步李敖牛皮吹破天的後塵，就借李敖的話來誇自己多聰明。那當然啦，李敖玩味的女人，多是「無腦」的，於是在無腦群中，陳文茜就成了最聰明的──聰明到炫耀撒謊、欺騙而毫不知恥的程度，聰明到「三八」的祖母段數。

台灣有人說，陳文茜曾搞掉了施明德、許信良兩個民進黨主席，後來又一次性搞垮了連戰、宋楚瑜兩個黨主席。所以有中國人希望，台灣人民能歡送熱愛中國的「小妹大」去北京，用她的「社交工具」解決掉共產黨的主席們，那中國就有救了。可惜的是，哪怕行將就木的共黨老朽們，都不稀罕搭理那個只有文化流氓李敖垂涎的文化娼妓了。

當然，陳文茜還是有希望的，在國民黨被台灣人民淘汰到太平洋的時候，一定不會忘記帶著她同歸於盡。

「高級外省痞子」
郭冠英

　　郭冠英是一個連末流文人都算不上的文字塗鴉者。他卻比阿Q更鬧劇地自稱「高級外省人」、「郭才子」。更用假名「范蘭欽」（諧音泛藍親，絕對的國民黨），在網絡上連篇累牘地寫詛咒、歧視、辱罵台灣人的文字，而且無恥地為中共的六四屠殺辯護（讀者可去網上搜索）。

　　後來東窗事發，被發現這個在網絡上肆無忌憚地醜化、侮辱台灣人的傢伙，居然是領取中華民國公務員薪水的外交官，而且他是用公務時間塗寫那些罵人話。他的惡劣行徑在台灣引起廣泛民憤，遭到一片怒斥。

　　沒想到，竟然有不少國民黨支持者（甚至有台大教授）出面，一本正經地以言論自由為名為其辯護。國民黨在台灣半個多世紀的統治，如同共產黨在中國的統治一樣，顛倒了很多價值，泛藍文化人連「言論自由」要捍衛什麼都搞不清楚，實令人吃驚。

　　在美國，別說政府官員，即使是媒體人，哪怕用了郭冠英百分之一程度的種族歧視語言，都會重則被開除，輕者道歉、懲罰，更別說會受到輿論的一致譴責。而政府官員，他百分之一千

會被撤職。郭冠英對一個種族，用的豈止是歧視語言，而是辱罵。簡直不可思議，他哪來的對一個民族的莫大仇恨？

人們談爭取言論自由，從來都是指挑戰權力者，對統治者、對政府、對權力機構批評的言論自由。而郭冠英恰恰是站在權勢者的立場（長期居於統治地位的「高級外省人」），以炫耀權力的傲慢和居高臨下的霸氣來罵沒權沒勢的老百姓，而且是用匿名、用躲在陰暗角落放暗箭的手法、用下九流的痞子口氣、用種族歧視的語言，罵普通人。把那種踐踏、侮辱「言論自由」的東西拿來當言論自由推崇，難怪台灣產生那麼多價值顛倒的人。

且煽動種族歧視和仇恨，根本不是言論自由，而是言論自由的副（負）產品。郭冠英的思維和做法，別說是政府官員，他連一個劣等公民都稱不上，而且本質上跟恐怖分子的邏輯沒有兩樣。

首先，都是為了目的不擇手段。恐怖分子用自殺炸彈方式殺害平民，因為公開列陣，他們打不過，於是就什麼卑劣手段都使用。郭冠英躲在網絡的暗處，用匿名、用正經人無法出口的惡語罵人，罵一個群體、罵一個族裔。這比武林中那些躲在暗處放毒箭者更卑劣，因為他是對著一個民族。

事件剛爆發時，郭冠英矢口否認他是「高級外省人范蘭欽」，直到被各種舉證證實而無法隱藏時，才招認。但他的解釋卻是，對付敵人有說謊的權利。等於公開宣布，為了目的，可以不擇手段，撒謊、欺騙、甩暗箭，什麼卑劣的手段都可以堂而皇之地使用。

其次，郭冠英不僅做法上是放暗箭的恐怖分子手段，其言論的內容也跟恐怖分子一樣惡毒，充滿仇恨和野蠻。諸如：他稱台灣人是「爛人」，說「對歹丸爛人，必要嚴懲嚴打」，「我是中國人，我恥於做台灣人，我只會一句台語：幹哩娘。」天呢，如此「高級」「外交官」的「言論自由」！

這麼一個網絡恐怖分子，居然恬不知恥地說：「我是捍衛憲法，捍衛民族的英雄，我應該做個更大的位置，或許是總統，可能台北縣長，可能立法委員，可能新聞局長。」我懷疑這是一個有智障的人。

但這個阿Q郭痞子不是開玩笑，國民黨再執政的話，他真有可能當上新聞局長。因為在被揭出如此惡行之後，泛藍親中的《中國時報》居然仍請他做顧問，還每週五跟他一起探討新聞及言論方向。看來泛藍泛紅媒體已經跌入智障邊緣了。

雖然有智障嫌疑，但郭冠英卻懂得支持用暴力對付台灣人。他說如果中共武力犯台，「一是美國不介入，那台三日可下，這對台灣最好。二是美國介入，失敗，台灣收復，但台灣必流血，這次好。」「台灣根本不值得愛，真愛台就要先敗台。」他還希望中共攻占台灣之後，用當年中共「鎮反」屠殺方式征服台灣人。「對這種人，只有槍桿子響了才會安靜下來。」

這個如此痛恨台灣人、殺氣騰騰的郭冠英，不是恐怖分子，是什麼？

郭冠英的產生絕非孤立事件，而是一個現象的代表，反映的是：台灣在「人、文化、制度」這三個層面上，都有嚴重問題。

首先看「人」。據我多次訪台的觀感，「郭冠英」實在太多了，區別只是公開或隱蔽，囂張或委婉而已。那種「高級外省人」歧視本地人的心態，只要稍加留心就會感覺到。多年前一個國民黨台北市議員曾對我說：「高雄到處是流氓，嚼檳榔。」說這話時，他那一臉的蔑視、不屑，我至今仍記憶猶新。

　　看看「聯合中國」報那些社論，高級外省人的優越感一目了然。在泛藍報紙上，老蔣被稱為「蔣公」，國民黨高官的子女，則是「公子、女公子」，簡直就差沒直說，他們就是帝王將相，就是台灣的「主子」。其殖民心態，好像連掩飾的必要都沒有。

　　馬英九不是還曾明說，選外省人當總統是台灣人的福氣。他還曾對原住民賞賜地說「我會把你們當人看」。如此主子心態，在「高級外省人」那裡是司空見慣的。

　　什麼文化造就什麼人。國民黨帶到台灣的是欺壓本地人的殖民統治文化。舉個小例子，我多次訪台後發現，不能跟台灣人談中國歷史，他們倒背如流，還能把從哈爾濱到廣州經過哪些省份準確無誤地背出來。但對台灣的歷史地理，他們則多是茫然。國民黨教育的核心，就是要給你一顆大中國的沙文之心。

　　這種殖民文化毒化了郭冠英們，所以他們才會把台灣人視作台巴子、倭寇。他們不僅自己中毒，還毒化他們的後代，從網上可查到郭冠英的女兒在上海的講話，跟他父親口氣一樣，也是把台灣人稱作「倭寇」。台灣的文化教育有毒，才毒化出一代代的「郭冠英」。

　　為什麼這樣一種毒文化能有市場？因為背後有獨裁制度在撐

腰。在制度上確立殖民文化教育，才能在制度上保障其殖民統治。除國民黨「高級外省人」之外，只有效忠黨國意識形態的本地人，才可能進入統治階層。高考以三十九省分配額，占人口八成的本地人只能分到三十九分之一（編按：1996年廢止相關規定）；用這種不合理到天邊的制度，確保「高級外省人」占據上層建築領域。其結果卓有成效：司法、媒體、公務員等階層，直到今天都被「高級外省人」壟斷。司法界尤甚，判綠不判藍，幾乎就是既定模式。

在人、文化、制度這三個層面，首先必須從制度層面改變。目前台灣這種體制，遠不是正常民主機制。只有首先把立法院中那些高級外省人心態的郭冠英們淘汰（選）掉，新的國會才能通過制定法律，從制度層面解決族群歧視和仇恨。只要那種保護國民黨遺老遺少的制度不變，殖民文化就不會變；而殖民文化不變，人就不會變，就會有千千萬萬個郭冠英們繼續成長。

「不忠」的傅建中

　　台灣自1988年解除報禁後，不僅新聞自由度迅速擴大，媒體結構也發生巨變。國民黨中常委創辦的《聯合報》和《中國時報》這兩大報，已降至老三、老四的地位（發行量第二大是《蘋果日報》），立場本土的《自由時報》早已躍居台灣第一大報。

　　聯合和中時的下跌，主要由於台灣民主轉型後它們卻沒有向媒體專業化轉型，其國民黨啦啦隊的意識形態化的報導傾向，嚴重損害了新聞的客觀和真實原則，屢屢出現假新聞。

　　《中國時報》最大的烏龍事件，就是2007年馬英九訪問日本時，編造出與日本首相安倍晉三「會晤」的假新聞，而且還編出雙方對話、助手在側等細節。在西方，強調要給媒體犯「誠實錯誤」的空間，因新聞有時效性，難免出錯，但一旦發現錯誤，就會更正並致歉。像《紐約時報》一年的「更正」多達三千多次，平均每天九則，且刊在重要的第二版位置。例如北韓獨裁者金日成的棺柩不是檀木這樣的小錯都要更正。

　　但當日本《產經新聞》引述安倍說根本沒與馬英九會晤，揭出這是「假新聞」之後，《中時》對這麼重大的錯誤始終都沒有更正，更別提向讀者致歉，無法不給人以「故意」編造新聞的感

覺。

　　另一個明顯造假事件，是當時國民黨副總統參選人蕭萬長訪問美國時，《中國時報》駐美記者傅建中為渲染其訪美成功，竟編出三個假新聞：第一個，說蕭萬長「會晤」42名美國議員；第二個，說蕭與四位美國總統候選人的「亞洲策士」，包括當時共和黨內要參選總統呼聲最高的朱利安尼的亞洲顧問葉望輝（Stephen Yates）等共進早餐；第三個，說蕭萬長在與美國女參議員范因斯坦（Dianne Feinstein）會晤時，范用CSB直呼陳水扁總統並對其批評。

　　當時看到《中國時報》傅建中的這種報導，憑直覺就知道涉及造假。中時報導提到的蕭萬長會晤的「亞洲策士」之一的葉望輝曾為美國「傳統基金會」研究員，曾是美國副總統錢尼的國家安全事務副助理，後來前紐約市長朱利安尼要選總統時，他被聘為其首席亞洲顧問。我和葉望輝相識多年，2000年台灣大選期間，我們都在台北給英文《台北時報》撰稿，後來幾度在有關台灣的會議上相聚，於是我給葉望輝打了個電話核實。

　　葉望輝說，他根本沒和蕭萬長見面，因那天早上，他正在香港轉機回美國。而民主黨總統候選人歐巴馬的亞洲策士貝德正在加拿大度假。但中時的報導，卻把蕭萬長和他們見面寫得有鼻子有眼睛，整個是憑空編造。

　　至於蕭「會晤」42名美國議員，也是不實報導；因其中24名眾議員只是參加酒會，和蕭集體打個照面而已。如果這也叫「會晤」，如果有五百人來參加酒會，可否就報導說「我會晤了五百

人」？

蕭萬長是被前紐約聯邦參議員狄馬托引見的，而那些參加酒會的議員，多是給當過18年參議員的狄馬托一個「面子」。葉望輝說，要讓狄馬托如此「公關」，國民黨恐怕花了不少錢。至於蕭「會晤」18名參議員，則是狄馬托帶他們到參議院午餐，跟用餐的參議員們打個招呼，並到國會議員辦公室敲門，說聲「哈囉」。

就美國官員是否會用CSB這種字母縮寫來稱呼台灣的總統一事，葉望輝特別指出，范因斯坦自1992年起就做聯邦參議員，這樣資深的議員不會用CSB直呼陳總統，更不會當外國客人的面批評該國元首。而傅建中所以故意用CSB這三個字母，就是因為中國憤青曾在網上用這種字母諧音辱罵陳水扁。

當華盛頓的「台灣人公共事務會」（FAPA）的美國顧問建議傅建中不要寫這種不實新聞時，傅只回答一句英文：「This is more entertaining.（這樣寫比較有娛樂性）」

把新聞當娛樂寫，這就是《中國時報》的資深駐美記者！例如在紅衫軍「倒扁」的時候，傅建中報導說，美國國會「此時」推出報告，指台灣亂象「扁是禍首」。傅的這篇「報導」被新華社等多家中共媒體轉載，以嘲諷打擊台灣的民主。但事實是，這篇美國國會報告在傅建中發稿之前40天就刊在其網頁，跟之後發生的紅衫軍倒扁毫無關係。而且只是「國會研究服務處」（CRS）給議員的參考資料，這樣的報告每年繁多，根本不是國會的集體意見。而且該報告內容更無「扁是禍首」的結論和縮

語。美國學者寫的報告，不可能用《人民日報》式的語言。但懂英文的傅建中卻故意在時間和內容上移花接木。

更離譜的是，傅的報導還說，原CRS的主管沙特（Bob Sutter）因陳水扁上台而「灰心失望」導致離職。一個美國官員怎麼可能因對外國總統的不滿而離職？這根本不符合最起碼的邏輯常識。傅為了攻擊台灣民選總統，到了「急」不擇「言」、信口開河的地步。

傅建中還有更離譜的報導，居然說民進黨政府廢除「國統會」時，曾有美方重要官員放話：「美國只消花五分鐘時間，即可動員台灣人民推翻陳水扁。」美國憑什麼、怎麼可能要推翻民選的台灣政府？而且「五分鐘之內」不是誇張得太離譜了嗎？這明顯是個假新聞。最後有記者去向美方核實，他們表示，美官員不會這樣說話，這更不是美國政策。而傅建中迄今也未拿出任何「美方官員」的名字。從他以往報導的「不實」來看，不排除又是他自己編造的。

傅建中在仇恨台灣民選總統的同時，卻推崇中共獨裁者。他曾在美國之音《焦點對話》節目上把毛澤東稱為「毛主席」（他當時跟我在這個節目上同台辯論）。當年美軍攻進巴格達時，傅建中的報導是這樣說的，這不禁令人「想起半個多世紀前解放軍占領南京後，毛澤東寫的那首詩：鍾山風雨起蒼黃，百萬雄師過大江，虎踞龍盤今勝昔，天翻地覆慨而慷。」然後筆鋒一轉，批評美國總統小布希「讀書甚少，英文也不好，亦無詩人情懷，所以沒法像毛潤之，也寫首詩謳歌美軍將士占領巴格達。」這個

一路為國民黨護航的御用文人，卻狂讚把國民黨滅到台灣的魔鬼毛澤東，實實在在一個神經錯亂。

後來傅建中在報導中，再次引用毛的這首詩，並提到「解放軍占領南京時毛澤東歡欣鼓舞的心情」。有台灣網民寫道：「傅建中活在21世紀，卻還對老毛心心念念，永難忘懷，真是噁心極了。」

可能正是這種「念毛」情懷，使傅建中對張戎的《毛傳》披露蔣介石愛將胡宗南可能是「紅色代理人」相當不快，在《中國時報》上報導「毛傳反應」時只引用批評之聲，絕不引用那大量的正面評價。他甚至自下結論說：「胡宗南怎麼說也難貼上『紅色間諜』的標籤。」

在報導台灣人的成績時，傅建中則是另一種筆調。例如台灣愛樂管弦樂團首次在美國首都甘迺迪中心演出，無論演唱還是指揮，都受到《華盛頓郵報》好評，可傅建中卻在報導中說：「《望春風》、《望你早歸》等曲目，固然十足代表了台灣本土的心聲，但在世界性的舞台上，格局太小，引不起太大的共鳴⋯⋯。」一副不屑一顧的口氣。

傅建中之所以敢隨心所欲寫「報導」，就因為他和《中時》、《聯合報》等泛藍媒體一樣，都不是把「忠於真實」做為新聞原則，而是「熱衷」反民進黨政府、捧國民黨的大一統意識形態。例如2006年馬英九訪美時，聯合報系竟刊出題為〈什麼樣的DNA造就馬英九魅力〉的特稿，通篇都是形容詞和肉麻離譜的吹捧，說馬英九是唯一可與美總統柯林頓相比的「具超級魅力

的國際政治人物」（在美國有幾個人知道馬英九是誰？）說馬英九DNA特別，才具有「卓越領袖魅力」特質，它「包括旺盛活力、形塑風格與形象、鼓舞激發人心的能耐、同理心、高度自信、良好的EQ、令人嚮往的理想主張」等等，簡直超過中國《人民日報》當年吹捧毛澤東。

台灣媒體有一堆傅建中這類「泛統」意識形態的、對綠色本土政權充滿敵意的泛藍文人。他們那有毒的筆，繼續用國民黨意識形態毒害台灣人，是台灣亂象的主要禍首之一。

欲「謀害」孩子的
余光中

　　我當年也曾對余光中的詩頗為欣賞，在大學畢業時寫的《詩的技巧》一書中，還引用了他的〈鄉愁〉做藝術分析。可對余光中近年的言論則頗不以為然。

　　首先是他反對降低台灣課本的文言比例，其實這等於謀害孩子。因為連精通中英文的林語堂都說：「照心理上的難度而言，學習古文與學習外文已相差無幾。」古文應由專門家翻譯，像柏楊把幾十卷《資治通鑑》譯成白話，就是很好的嘗試；而不是讓孩子們把成長期的寶貴時間，浪費在死記硬背被魯迅稱為「死文字」的文言上。另外，本來與西文相比，中文缺乏語法，邏輯性不強，而文言在這方面更糟。林語堂曾感嘆：「文言是死的，根本不能表達一個確切的思想，結果總是泛泛而談、模糊不清。」文言比例高，孩子們的思維邏輯性就會降低。最後更重要的是，文言文裡承載了太多的中國文化毒素，因為裡面更多是宣揚群體主義和奸詐狡猾權謀等，而不是自由、尊嚴和個體主義價值。有台灣朋友問我，為什麼和其他中國人不一樣，會支持台獨，我曾半開玩笑地回答，就是因為我不學文言文，沒有中那個「大中國」的「毒」。這其實不是玩笑，今天僅僅為了台灣孩子不浪費

生命，不文化「中毒」，也應最大限度降低文言文的比例。

其次是他宣揚大中國沙文主義，毒害中文作家。余光中曾到香港參加「國際筆會亞太會議」做主題演講「離心與向心：眾圓同心」，把中文世界劃為三個世界：中國為第一世界，台灣香港澳門為第二世界，南洋新加坡和馬來西亞等國為第三世界。這種分法當時就遭到一些中文作家質疑，認為過於簡單化；並有大國沙文主義傾向。而且大會主題是人權和寫作自由，並有二十多名中國作家因中共當局阻止而無法與會、三十多名中國作家仍陷牢獄之際，余光中的演講卻沒有隻言片語批評中國政府、為同行爭取公道。

當然了，這位深諳中國文化的「詩人」懂得「知恩圖報」。在美國的中文電視上曾看到，余光中回到中國探親時，中共是用警車開道的。那種前呼後擁的陣勢，在他的遠親近鄰面前，很給他衣錦還鄉、光宗耀祖的得意。得到共產黨警方的「恩惠」，能成為那個暴力政權的「貴賓」，余光中好像春風得意。更不要說當年中共領導人溫家寶用了他一句「鄉愁」（還是為了統戰），就把他舒服到恨不得讓全世界知道。

李白有詩，「天子呼來不上船」，表現詩人的骨氣。而今天的「余光中們」，爭相靠大一統獨裁政權的船，真不怕中國詩人老祖宗怒髮衝冠呵。

沒跳出「醬缸」的
柏楊

　　八十年代中期，柏楊的《醜陋的中國人》在中國風靡一時。1989年在舊金山一個會議上結識柏楊，很認同他對中國傳統文化弊端的洞見和批判。九十年代初他來美國時，我們就這個話題長談了大半天。

　　柏楊是少見的對中國文化有深刻認知並敢於批判的知識分子。他直言中國是「醬缸文化」，是幾千年沉澱的腐臭，誰都難逃脫被淹沒、吞噬、變成一條蛆、成為「醜陋中國人」的命運。正因為這種深刻認知，使柏楊對醬缸中的兩條「大蛆」（共產黨和國民黨）強烈批判。

　　但不可思議的是，柏楊晚年卻做出巴結國、共的舉動。在國民黨副總統候選人蕭萬長去他家拜訪、尋求支持之後，柏楊就被送到醫院，他夫人說，是因為對陳水扁總統要戒嚴一說不滿，柏楊已幾天不進食物。

　　今天，民主台灣根本沒有像當年老蔣那樣軍事戒嚴的可能（沒有可操作性），而且早在柏楊住院之前，陳水扁總統就明確強調，不管發生什麼情況，台灣都不會戒嚴，民主絕不會倒退。柏楊為所謂戒嚴說法幾天「不吃不喝」（真的嗎？）已顯得矯情

十足。住進醫院後，《中國時報》報導說，柏楊又嚷嚷著出院，說要有「暴動了」。看到這些報導，真讓人感嘆，柏楊不是老糊塗了，就是太精明了，用如此渲染台灣亂象來取悅國共兩黨。

柏楊的這種演出並非偶然。在他嚷嚷著台灣要戒嚴、人民要暴動之際，把自己的所有手稿都送到了北京。柏楊夫婦表示，台灣政局紛亂，送出去比較安心。文稿在獨裁的中國比在民主的台灣更安全，這就是柏楊今天的價值觀。他到了蓋棺定論之年的人，如此作賤自己，實在罕見。

在柏楊把他的手稿都送到中國的前一年，在中共用飛彈瞄準台灣、文攻武嚇之際，中共官方喉舌的中央電視台記者到台北專門採訪了柏楊，他當時不僅沒替台灣說一句公道話，還配合北京的統戰調子說：「只要能回到家鄉看一看，就心滿意足了。」這個「家鄉」，當然是指中國。然後表示，在台灣「我們的境遇能快樂嗎」？還一板正經地發誓「我要活到中國和平統一」。更離譜的是，當被問到，他的子女（柏楊有五任妻子）春節回家拜年時，「（是不是）特開心？」柏楊的回答卻是「除非中國強我才能開心」。連中共記者回去都說，聽柏楊這麼說，「我起雞皮疙瘩。」

柏楊這種對中國人有「洗腦」作用的談話，被中共電視台放到了其網頁。可能做為「回報」，北京的中國現代文學館柏楊研究中心掛牌開張，柏楊送去的題詞是「重回大陸真好」。他還曾強調：「我們的國家只有一個，那就是中國。我們以當一個中國人為榮……。」這種「大中國」民族主義者口吻，沒有一絲一毫

超越種族、文化的「普世價值」。

柏楊以鞭撻中國「醬缸文化」出名，最後還以做醬缸中的「蛆」而自豪，仍是個「醜陋的中國人」。由此可見，中國文化人要想跨越民族主義，真像李白的《蜀道難》所說，「難於上青天。」

星雲是假和尚
真國民黨

　　初識星雲法師是1989年中共六四屠殺之後，在洛杉磯。當時我在那裡辦一份由中國赴美留學的前記者們編輯的《新聞自由導報》，星雲的西來寺則收留了好幾位因六四而逃到美國的中國政治流亡人士，也曾邀請我們報社全體同仁去西來寺聚餐。

　　有一天星雲本人打電話到報社（也是我家），邀請我去西來寺做一個講話，談談中國的政情。當時妻子接的電話，由於在中國聽慣了很「衝」的聲音，所以對電話裡星雲那柔和的語調頗為印象深刻。記得當時參加那個會的尼姑和尚都是各層管理者，星雲法師則以最高領導人的口吻說，以他的身份沒法公開出面支持我們，要他的屬下對我們報紙和中國的民主活動全力支持，會後還招待了一頓豐盛的素餐。雖然我後來很快搬到了紐約，但仍時常聽到住西來寺的中國異議人士朋友的消息。

　　對星雲法師慈悲為懷、支持中國人權、收留因對抗獨裁者而有家不能歸的中國人，我一直很感動。所以對他後來成為共產黨的座上賓、迎合北京政權說辭，並諂媚幾任中共黨魁的做法甚為吃驚。感覺他跟當年是兩個不同的「星雲」，完全成了政治和尚，真是感嘆，不知道佛經上有什麼妖法，把一個和尚變成了另

外一個人！

　　後來才瞭解到，其實星雲很早就是政治和尚。在國民黨統治台灣的專制年代，星雲就很深地涉入政治。他在出家並成為台灣佛光山教主之後，居然加入了中國國民黨。這實在是打破常規。一般人出家，多是看破紅塵之後，遠離現實社會和政治。而出家之後再入黨，入一個明擺著的專制政黨，只能是出於功利考慮。而且不僅入黨，星雲法師後來還出任了國民黨的黨務顧問，甚至國民黨中央常務委員、國民黨中央評議委員，也就是說，他進入了當時仍專制統治台灣的國民黨高層決策圈。這無法不令人質疑，星雲的入黨其實是國民黨在台灣控制宗教的一個環節。

　　難怪在蔣經國獨裁統治的1986年，擔任中國國民黨黨務顧問的星雲法師獲得了蔣政府頒發的二等卿雲勳章，以及「功在黨國」的匾額，其對黨國的貢獻得到了公開肯定。對國民黨給予他的高官厚祿，星雲頗以為榮，說這能「讓社會大眾明瞭政府的英明、公平」。

　　在佛教盛行的台灣，由披著佛教袈裟的忠誠和尚黨員給鎮壓台灣人民的專制政權背書，國民黨洗腦控制人民的辦法真是不輸共產黨。

　　在星雲72歲那年，國民黨的副總統連戰甚至給星雲贈送了「吾黨之光」的壽匾，堂而皇之地肯定了星雲做為國民黨統治的一環對黨國所做出的貢獻。

　　對此，星雲其實是很坦然的。2014年初，他在接受親北京的香港《鳳凰衛視》專訪時，不僅承認自己的國民黨員的身分，甚

至說：「現在我承認我是國民黨，畢竟是中央評議委員，因為等於一個女人，嫁給人家就是人家了嘛，不能說嫁了一半，這是終身到老的啊，只是個人的情操了，所以我生死都是國民黨員。」

原來如此，他不僅是加入了國民黨，而是「嫁給了」國民黨，也就是獻身國民黨！難怪蔣經國當上總統的第二天就到佛光山朝拜，身為基督徒的蔣經國哪裡是去拜佛，他是去看望、關照一下黨國的「妾」呵。

如果是因為國民黨反共，他支持國民黨也情有可原，西方基督教勢力也曾大力支持反共事業，但宗教領袖絕不會直接參與政黨並成為執政集團的高官，那是不能被允許的「政教合一」。星雲的情形跟西方不同，不是宗教影響政黨，而是反過來──政黨指揮宗教，政黨控制宗教，政黨利用宗教控制人民。

正因為星雲是「獻身」給國民黨了，所以當國民黨從反共轉向親共、親中，魚貫而入跑到北京朝拜中共高官的時候，星雲也成了其中笑瞇瞇的一分子，早就把六四屠殺拋腦後，以宗教領袖的柔軟身段、柔和聲音去撫慰屠夫了。

中共當然也是很領這位披著佛教外衣的國民黨高官的情。江澤民第一次接見星雲的開場白就是「過去的種種，一切到此為止」，意思他的西來寺收留中國異議人士、收留被中共視為叛將的前新華社香港分社社長許家屯等等都一筆勾銷，現在他們是「一家人」了。

星雲也用他多年練就的伺服蔣經國、蔣緯國、馬英九們的本領給共產黨領導人精神按摩，讓他們感覺好舒服。江澤民出生揚

州，星雲後來就用他那頗能軟化人心的聲音說：「只覺得揚州這個地方，出現了他這樣的人才，實在說，江蘇也是人傑地靈了。」人才，江澤民這個嚴酷鎮壓法輪功的人才！

隨後星雲又跟當時在浙江做省委書記的習近平見面搭上了線，第一次見面，又是那柔和的聲音：「我看到的浙江，社會安定、人民和樂、心裡富有。」噢，原來在宗教自由被嚴酷鎮壓的中國，人民「心裡富有」。

2013年見到時任國家主席的胡錦濤，這位老和尚依舊用那柔軟的聲音說：「你宣導的『和諧社會』，將是中國人未來的標竿。」老和尚居然希望中國直到「未來」都是胡錦濤式的獨裁。

再次見到習近平的時候，習已經是中共中央總書記了，於是星雲再用他招牌的柔軟聲音說：「您提出的中國夢，給天下中國人新的力量，新的希望！」當晚星雲還不忘給中共國家宗教事務局長（負責宗教統戰的）葉小文打電話，再柔柔地補充一句：「今天見到習總書記，很開心。聽了總書記一席話，很感動。」

聽了如此一堆肉麻的話，你真得認真猜一猜，這個星雲法師的轉世到底要變成什麼呵？

當然，要支持國共兩黨的聯合大業——統一中國，僅僅靠柔軟的聲音去伺服兩黨的高官還遠遠不夠，還要拿出實際行動來。

高齡84時，在患有嚴重糖尿病、幾近雙目失明、走路都需要攙扶的情況下，星雲老人仍挺身而出，支持分裂綠營的楊秋興選高雄市長。他「不請自到」，專程跑到高雄給楊秋興站台。幾天後又跑到北京，跟中共國台辦主任王毅見面，得到誇獎，對兩岸

關係「做出了重要貢獻，發揮了獨特的積極作用」。

近年或許星雲自感年事已高，要加緊爲黨國的統一大業效勞，所以頻頻就統獨問題發表談話，甚至說到如此地步：「台灣沒有台灣人，台灣哪個不是中國人。」星雲大師不是在很認眞地配合國共兩黨的反台獨大業嗎？如果台灣沒有台灣人，哪還有什麼台獨可反呢？

除了代表全體台灣人做中國人，星雲和尚還規勸另一個和尚也代表他的人民做中國人：「希望達賴喇嘛面對一個中國，不要忘記自己是中國人，如此則相信中國也能接受他。」

不知星雲何時出的家，出到最後竟然是要回他忠誠的國民黨的家。

在慶祝佛光山50週年的2016年，星雲已經90歲。媒體問他；「如果還有50年能繼續弘法，你最想做哪些事情？」這個海峽兩岸知名的「佛教大師」完全忘記了什麼普渡眾生，竟然是要去「做國民黨黨主席」！出家人不開玩笑，他很認眞地說：「我要沒出家，我就去選！」

在中國國民黨奄奄一息，差一點就要栽進太平洋的情況下，90高齡的老和尚還有要拚黨主席的精神勁頭，要兌現他「生死都是國民黨員」的諾言。蔣經國當年眞沒白去佛光山，在和尚廟摸頭，摸出一個終生獻身給黨的「忠妾」！

該被淘汰的政客們

田弘茂要殺
李遠哲全家嗎？

　　前中研院院長、諾貝爾獎得主李遠哲在新書中爆料，當年曾因支持陳水扁而接到黑函，對方要把他全家殺光，後又有名人到他家裡做同樣的威脅。2017年1月李遠哲在接受三立電視《新台灣加油》主持人廖筱君專訪中指明，這個名人就是在民進黨政府擔任海基會董事長的田弘茂。這馬上成為「爆炸性新聞」，各媒體紛紛報導。

　　那麼李遠哲的這個說法是否成立？

　　第一，李遠哲曾為中央研究院院長，這是台灣學術界的最高職務；李遠哲還曾獲諾貝爾化學獎，這更是全台灣獨一無二的（得獎者）。用基本常識判斷，以他這麼特殊的身份地位，不大可能隨意（隨便）講話，而且是這麼嚴重的指控！

　　第二，李遠哲的為人處世、言談舉止展示，他是謹言慎行的人，而不是那種誇誇其談、隨意放話類型的，所以應該不會輕易指控他人。

　　第三，李遠哲在新書中寫了這件事（但沒點名，只說一個知名人士），現在更在全國電視專訪中明確指出，這個人就是田弘茂。這是一種為自己書中的說法負責的嚴肅態度。

第四，無論在官位、學術領域等等，李遠哲與田弘茂都沒有利益衝突和競爭。李遠哲現在也只是一個（沒有薪水的）政府資政；李也從未擔任政府內閣職務。從這個角度來說，李遠哲也更無常理去誣陷田弘茂。

第五，李遠哲新書出版後，坊間就有傳聞，書中說的「知名人士」就是田弘茂。有人就此問田弘茂，田以「不予置評」回避了。從常識角度，如果不是田，他一定會在第一時間感覺非常憤怒，斬釘截鐵地一口否定。因為這是一個任何文明人，更別說是政府官員，都無法承受的、極端惡劣的黑社會行徑！但從田的那種躲閃態度來看，給人清楚的「此地無銀三百兩」的感覺。

第六，李遠哲指明是田弘茂後，媒體廣泛報導，政論節目上議論紛紛（多要求田弘茂出來說明），但田弘茂沒有在第一時間出來否認，而是第二天發表簡短聲明說，他沒做威脅的事，「中間一定有什麼誤會與誤解。」這麼嚴重的事情怎麼可能是「誤會」或「誤解」？田弘茂這種模糊化的用詞本身就沒有可信度。坦率地說，他這個簡短說明，給我的印象是，更傾向李遠哲說的是真話。

對這件事情，蔡英文政府有責任採取措施調查，因為田弘茂擔任的是涉及兩岸關係的「海基會」董事長職務，如果田弘茂做過那麼惡劣的事情，他就絕沒有資格再擔任這個職務，必須辭職，或者被撤職！

李遠哲披露的這個事情，有兩個層次：

1998年，當時擔任中研院院長的李遠哲接到黑函，對方威脅

說，如果他支持陳水扁連任台北市長，就把他全家「殺光光」。

這個黑函出自何方？從當時的政治氛圍來看，最可能是國民黨方面。當時的國民黨眾志成城，力挺馬英九出來選市長。從國民黨主席李登輝（他舉著馬的手呼籲全黨支持）到副主席連戰等，都是挺馬。國民黨把奪回台北市視為決戰，所以，威脅阻止李遠哲挺扁，最可能是出於國民黨勢力。甚至可能出於馬英九本人。這有三個線索：

第一，馬英九表面好像很斯文，但骨子裡很兇殘。這從他虐待、追殺陳水扁就可看出。馬曾公開說，槍已上膛，要讓陳水扁死得很難看。全世界民選國家領導人，找不出第二個像馬英九這樣的、對自己前任的民選領導人公開地展示殘忍。馬英九鬥爭黨內大老王金平的卑劣手段，也可清晰看出他內心的冷血。

第二，雖然陳水扁市長政績很好，但因台北是中國城的特點，以及國民黨李登輝們全黨眾志成城地力挺馬英九，所以陳水扁沒能連任。選後李遠哲見到馬英九時，恭喜他當選市長後，向他反映自己曾受到「全家要被殺光光」的威脅，馬英九的反應卻是沒有一點驚訝，甚至也沒說要調查，只以一句「我在競選的時候，也有人背後打我一拳」就應付過去了。這種反常的、不合情、不合理的反應給人強烈感覺，馬英九好像事先知情。因為從基本常理來說，聽說有人要把中研院院長全家殺光光，這是多麼嚴重的事情！做為市長，這種威脅就在他的地盤發生，他應該非常憤怒，應該對李遠哲表示深刻的歉意，更應該說、應該做調查處理。但這一切都沒有。所以這個「殺光光」不排除

跟馬英九有關。所以李遠哲對馬英九這種反應的感覺是「不可思議」！

　　第三，據李遠哲說，1998年台北市長投票日，他們全家去了曼谷。這讓人聯想到，他也可能是為了避險。當時亞洲運動會在泰國曼谷舉行，台灣宏碁董事長施振榮是贊助商之一，邀請李遠哲夫婦前往參加開幕式。李遠哲一家從曼谷回來後，他們居住的社區主委到他們家裡告知，在市長選舉次日，有人爬樹要進入他家，被通報給社區警衛，記錄在案。

　　上面三點都說明，這個要把李遠哲全家殺光光的威脅不僅是存在的，也很可能是準備實施的（爬樹要進入李家的人是不是去行兇？）。當年在228週年日，在監獄被關的民進黨主席林義雄的家人不是被殺、幾近被滅門了嗎？

　　李遠哲說的田弘茂登門威脅的事，發生在2000年總統大選時，當時國民黨分裂，有了兩組總統候選人（連戰／蕭萬長；宋楚瑜／張昭雄），對民進黨的候選人陳水扁／呂秀蓮。鷸蚌相爭，漁翁得利，國民黨感到很緊張。

　　據李遠哲說，田弘茂是到他的家裡，威脅說如果挺扁，兩年前的不愉快事情（指1998年威脅把李遠哲全家殺光光）可能會再發生。當時在場的李遠哲太太就說，這不是威脅我們嗎？李遠哲還在電視上說，之後他太太還接到電話威脅。而那個打電話者是否還是田弘茂？

　　現在田弘茂說這件事情時間已久遠而否定（這種事情，有或沒有，一百年也不會忘）。但有一個重要證據線索，國民黨方面

對此有一定「證實」：李遠哲在他的新書裡（278頁）寫到，田弘茂威脅的事，當時在圈子裡有議論，連蕭陣營中一位李遠哲認識的人出來表態說：「威脅一事乃是該人士自作主張。」這明顯是要撇清關係。但這個「自作主張」之說，等於宣布「確有這回事」，但不是我「連蕭陣營」幹的。

台灣政治圈裡的人都知道，田弘茂是蕭萬長的親信，所以有做那種事情的「由頭」。那麼到底是國民黨指使，還是田弘茂「自作主張」？他都必須出面說清楚。但不管是哪一種，如果田弘茂有過如此劣行，他的人格就徹底破產，不僅絕不能再擔任海基會董事長，連做個普通人都應被不齒。在美國，做這種危害人身安全的威脅，哪怕僅僅是語言威脅，都會受到法律懲處的！

不管是國民黨利誘，還是連戰們威逼，都說明，如果李遠哲的說法是真實的，只要有利誘或威逼，田弘茂就可能出賣最基本的做人良知，做出黑社會那種地痞流氓的舉動；他擔任董事長的海基會，是台灣政府重要的涉及兩岸政策的機構，如果被共產黨利誘或威逼，他不會故伎重演嗎？不會做出任何下作的行為嗎？如此人格人品做海基會的領導人，台灣還有什麼情資、秘密可保？

對一個堂堂中研院的院長，一個諾貝爾獎得主，他們都敢用這種「全家殺光光」的殘忍威脅，那還談什麼保護台灣其他人、普通人的命運？對田弘茂的可能威脅問題，蔡英文政府不僅沒有一絲一毫的調查處理，甚至連一句向人民解釋的話都沒有。台灣真是反了天了！

從蔡英文政府上台以來的一系列表現，到對田弘茂的重用和不處理，其背後到底什麼力量在主導，我深切質疑！

洪秀柱
「閹割」國民黨男人

　　洪秀柱剛宣布選總統時，所有人都在樂呵呵地看鬧劇，哪想得到她後來居然在國民黨全代會上眞的被選爲總統候選人。大概是爲阻止本黨內的異議和抗議，國民黨採取了對岸共產黨那種全場鼓掌方式通過，前後短到只有5秒鐘。我當時曾寫文章調侃說，看來國民黨的確是「體力不支」，什麼事都越來越短，從上次在立法院強行通過服貿協議只用30秒，到後來選總統候選人只用5秒。一個政黨對如此重大議題的裁決用「秒」來計算，實在是命數已到，豈止體力不支，而是全面透支。

　　國民黨選擇洪秀柱，使這個當年孫中山們締造的政黨本性發生了重大變化。如果說原來它是個列寧主義革命黨，但還有理想性，或者說嚴肅性。現在則變成了鬧劇黨。如果說它原來是雨果《九三年》中的那個革命主教政委（雖然錯誤，但嚴肅地追求其理想），現在這個「主教政委」則變成了魯迅《阿Q正傳》的痞子小丑。

　　國民黨以如此方式給民進黨讓位，綠營支持者當然歡迎，只是你拿個馬戲團角色來參賽，豈不是讓對手贏了也難堪嗎？國民黨如此做法，到底是要戲弄民進黨還是戲弄自己？一個黨跟一

個人同樣，在重大嚴肅問題上耍弄自己，那個丑角形象就再難抹掉。

洪秀柱最後沒能真的參選總統，但當上了國民黨主席，而且還參加競選連任。但她的兩大特點連國民黨人都卻步：一是政見跟台灣社會嚴重脫節，二是她的「紅衛兵」形象已深入人心。看她參選，就像看鬧劇。套用馬英九的語調邏輯說，她會帶著國民黨一起「死得很難看」。

洪秀柱的競選綱領，不僅跟台灣社會現狀背道而馳，甚至脫離國民黨本身民主轉型之後的做法。她主張兩岸「整體中國」「一中同表」（比「一國兩制」還紅色，真是「紅秀柱」）。她批評國民黨不夠藍，不夠統，不夠堅定，甚至說不能提中華民國，否則就是兩國論了。這些中國國台辦都無法說出口的急統高調，在理性一點的藍營人群中都會遭斜眼，就甭提在整體台灣社會了。所以洪秀柱的總統夢，從一開始就連她本人都會認為是玩笑夢。對國民黨來說，容忍如此鬧劇，等於手腳忙亂地往自己脖子上套絞索，最後不僅賠了總統寶座，又折了立法院（藍營不再是多數）。

上面談「紅秀柱」的政見跟社會脫節，那是使勁繃著臉裝嚴肅才能談的。要說這位曾當過國民黨總統候選人的為人處世的話，那就很難繃住臉了，想起這三字，發音就變成「紅二柱」，腦中的形象就變成：一會兒是中國每評必錯的將軍張召忠，一會兒是伊拉克薩達姆政權的宣傳部長薩哈夫，怎麼也嚴肅不起來了。但那兩兩耍馬戲的還真能讓人發笑，而台灣這位女「柱子」

則是讓人哭笑不得。

中學訓導主任出身的洪秀柱，早就以尖牙俐齒、凶悍霸道出名（她自己都承認當年打過學生）。當她披上戰袍要替國民黨征戰之際，紅柱子又去尋求黨內「睿智」大老的支持，吳伯雄來了句俏皮的大實話：「洪秀柱選總統比找男人容易。」這話真讓「柱子」開心死了，一個馬上奔70歲的老太太，哪還稀罕男人？蹬著全體國民黨男人的鼻子再登主席寶座，那才有點真正過癮的紅辣椒味。

不信去Youtube看看紅辣椒在立法院的悍婦表演夠不夠把立委們全辣暈過去——為杯葛議案，「紅二柱」可以抓女立委胸部，可以鑽男立委胯下，足夠辣到你睜不開眼睛。前新聞局長謝志偉在立法院台上講話，洪秀柱可以連續吼叫17遍「下去」！你閉上眼睛看一看，捂住耳朵聽一聽，誰要把一個詞連喊五、六遍，你會不會渾身起雞皮疙瘩？那聲音要發自一個張牙舞爪的女人，連嘶帶吼17遍，恐怕叫人都恨不得耳朵聾了，眼睛瞎了。

台灣有很多娛樂電視頻道，有敬業者請「柱兒」這個義務演員上節目，有次是在綜藝節目上跟主持人比賽罵人耍潑，看怎麼能把主持人頂罵回去。還用說嗎，那種罵人比賽，誰能贏過足以讓張召忠閉嘴、讓薩哈夫倒抽冷氣的紅辣椒？

「紅柱子」選總統的時候聽過有人私下罵：「國民黨的男人都死絕了嗎？怎麼能讓這種三八替國民黨選總統？」國民黨的男人死沒死光不清楚，活著的都精明算計到骨頭縫裡去了是真的。那些既無理想，也無鬥志，更不想對國民黨（就別提台灣了）負

責的「帳房先生」們，全都龜縮在甲殼裡，拿著蘋果手機做高等數學題目：怎麼才能最大公約數地自保，下次好能有機會偷盜一個總統大位。

絕了種的國民黨著實讓紅二柱揚眉吐氣、快樂死了。她這輩子從未有過在媒體那麼密集露臉曝光的機會，讓她得意到更口無遮攔、隨口亂說，甚至狂妄到對訪美問題說，還是招招手，「請你們（美國人）過來吧！」意思是我不要訪美，你們應該來見我。難怪有人擔心她成為「女范進」。

但無論如何，把「阿Q」推舉為總統候選人、黨主席，不是洪秀柱的問題，地球的哪個角落沒有政治小丑呢？問題是國民黨，如此超級鬧劇地把自己小丑化──全黨丟掉IQ，迎娶阿Q──整個黨智商淪陷。更鬧的是，有幾個敢於異議的黨員，居然被開除黨籍了！

洪秀柱自喻「一柱擎藍天」，倒真是把國民黨的真面具之天捅破了，讓這個政治百年老店露出其毫無IQ的真面目。這「一柱化石」最後成為了國民黨進一步邁向墳墓的棺石。妙哉！

馬英九8年的糟蹋台灣，加上國民黨愚蠢透頂的先推洪秀柱，再臨時抱佛腳地換朱立倫，導致他們不僅總統大選崩盤，還把立法院多數也葬送了。真是太活該了。

不過，綠營支持者應該高興，只要有「紅二柱」這類人在國民黨裡鬧得歡，那個黨就離栽進太平洋不遠了。

王清峰的
「真瘋」與「偽善」

　　王清峰可是一個有來頭的女人，1996年台灣首次總統直選時，她就跟國民黨高官陳誠的兒子陳履安搭檔選總統。結果「陳王配」，變成「陣亡唄」，競選慘敗。

　　2004年陳水扁總統被槍擊的案子發生後，王清峰出任了國民黨組織的所謂「319真相調查委員會」的主委，對馬英九跟陳文茜合夥編造的「奇美小護士」當然查不清。正因為王清峰效忠國民黨，藍得賊亮，才被馬英九青睞，一當上總統，就啟用她做法務部長。

　　王清峰不愧是馬英九的司法打手，上台後就清算綠營前朝官員、刁難陳水扁任內的法務部長施茂林。首件人事案就是駁回前任部長施茂林的回任退休案。當時政府人事行政局與銓敘部都表示，回任公務員屬於施茂林法律上的權益，但王清峰就是不同意，也給不出任何理由。明擺著，就是要讓施茂林拿不到回任後的退休金等（那是施茂林工作數十年應得的福利）。當時施茂林曾發表公開信表示王清峰駁回他回任「係屬政治清算」。但王清峰背後有馬英九撐腰，有恃無恐。後來馬政府對前總統陳水扁等眾多綠營前朝官員的迫害與政治清算，都有王清峰做打手。

但最後王清峰在輿論壓力下，被迫下台了。主因是她強烈反對死刑，出任法務部長後，絕不執行死刑。甚至揚言，只要她當法務部長一天，就不會執行任何的死刑，並公開拒絕依法簽署40餘位死刑犯的死刑執行令。更惡劣和濫權的是，這位法務部長甚至公開對檢察官施壓，要他們不能以死刑起訴。這引起了軒然大波，因為台灣社會是個支持死刑遠大於廢除死刑的社會，是個講究常識、遵從常理的社會。最後在爭議中，馬英九也沒法再保她，而被迫下台。

　　死刑問題，在很多國家都有爭議，但不管怎樣意見紛紛，在法律沒有更改之前，必須依法治國，這是民主國家的常識。無論誰不顧這個「常識」，也不應該是擔任法務部長的人。馬政府創造了「奇蹟」，法務部長公開發誓一定「違法」，說只要她掌權，就絕不會執行法院的判決。王清峰真是「瘋」了！

　　但王清峰並不是空穴來「瘋」，這是國民黨專制的心理後遺症。在兩蔣時代，什麼法律，什麼規章，全都是擺設裝飾；黨國時代，國民黨想怎麼樣，就怎麼樣。比如當年黨國法庭審判自由主義者雷震時，解密檔案證實，開庭前，蔣介石早已下令要判多少年。蔣家父子用軍事戒嚴在台灣統治了38年，把他們自己制定的法律都當兒戲。王清峰就是這種黨國心態的代表之一：我的意志，我的意識形態，絕對超越法律、高於民意！

　　王清峰在死刑問題上的「強硬表白」，更讓人們看清了，正是因為有這樣意識形態狂熱的法務部長，台灣才會有前總統陳水扁被長期「羈押」的司法不公，才會有光天化日之下毫不顧法律

程序的臨時換法官，才會有馬英九的「粉絲」來審判馬英九的「政敵」的政治荒唐劇，才會有辦綠不辦藍的反攻倒算惡行。

但有贊成廢除死刑的人說，不管怎麼樣，王清峰捍衛死刑犯的生命權利，還是菩薩心腸。但王菩薩是典型的「偽善」！她那麼捍衛殺人犯的權利，但用同等的熱情去捍衛過那些被殺害者的生命權利嗎？她說過只要當一天法務部長，就要為這些受害者討回司法公道嗎？她去慰問過那些遇難者家屬、表達過一定緝拿兇手、依法嚴懲的決心嗎？

至於她說要替死刑犯下地獄，更是矯情做作到令人作嘔！別說什麼替殺人犯爭權利，在她法務部長任內，那些普通犯人的權利她維護過嗎？通過對陳水扁的羈押，人們更了解到那些看守所的條件是多麼惡劣，人權狀況多麼糟糕！對這些，王菩薩問過、管過？有過改革、改善嗎？

再退一步說，別說犯人權利，王清峰們的國民黨政府連遵紀守法的普通台灣人的權利都毫不在乎，還談什麼犯人的權利。台灣的歸屬是台灣人民的基本權利，但王清峰們想過尊重嗎？民調顯示，87%的台灣民眾主張「台灣的前途應由二千三百萬人民決定」。可王清峰們的馬政府，卻千方百計阻止台灣人民（公投）實現這個意願，制定欺騙人民的鳥籠公投法，清晰明確地就是讓台灣人民投不成。

台灣有一堆王清峰式的國民黨司法打手，最囂張的是幾個女的，像羅瑩雪（馬政府任內的法務部長）、蔡碧玉（羅瑩雪手下的常務次長）、陳筱佩（馬英九總統告記者周玉蔻案，她判馬勝

訴）等，她們之所以這麼囂張，不僅是國民黨政權歷來蔑視法律的慣性，也是馬英九們唯我獨尊、蔑視民意的常態。所以，台灣司法不徹底改革，不從根基上解決國民黨司法打手們一統天下的現狀，台灣的民主進程就幾乎沒法再往前推進了。

金溥聰
是溥儀的堂弟嗎？

　　在台灣幾乎人人皆知，在馬英九掌權的時代，有個一人之下、萬人之上的寵臣，官至國民黨秘書長、國安會秘書長、駐美大使等等的金溥聰。台灣作家馮光遠說馬英九與金溥聰有「特殊性關係」。在泛藍媒體上，這位馬總統的「金內助」被捧得天花亂墜，其實他跟馬英九半斤八兩，也是被媒體包裝出來的花架子。

　　而且泛藍媒體還熱衷給這位前新聞學教授營造「神秘」身分。例如他是「清朝末代皇帝溥儀的堂弟」這種說法，就明顯是假的。

　　雖然藍營媒體和維基百科都曾說「金溥聰是溥儀的堂弟，全名愛新覺羅・溥聰」，但都沒有給出歷史根據。從常識來說，溥儀是1906年出生，金溥聰是1956年，兩人相隔整整50年，怎麼成了同輩「兄弟」？按輩分，金溥聰的父親就是光緒皇帝的堂弟，而光緒是1871年出生，那金父是哪個朝代出生的？他又是什麼封號的「親王」呢？

　　據互動百科，金溥聰的父親金鑠曾就讀張學良資助並任校長的中國東北大學，於是台灣媒體就說，金鑠是張少帥的門生。張

學良短期當校長的1928年，金鑠要麼沒出生，要麼還是幼童，怎麼就成了張學良「門生」？僅從這一點就可以想像，那個所謂「溥儀的堂弟」可能也是這麼演繹來的。

如果金溥聰是溥儀堂弟，那他父親就是滿清「王爺」貴族了，當時蘇軍占領東北，在滿洲國繼續稱帝的溥儀和他的王爺們都被押送西伯利亞，這位「溥儀的叔父」用什麼高招漏網溜到台灣？其實，這裡全部的奧妙，可能就是因爲金家眞是滿族，金溥聰名字中又有個「溥」字，於是浮想聯翩，聯到了「溥儀」，就愛新覺羅起來。

這眞讓人擔心，如果哪天金溥聰去了北韓，見到金正恩，兩人談古論「金」，是不是也成了「金正恩的堂弟」？

在中國，關於滿清皇帝家族有詳細列表，根本就查不出有「愛新覺羅．溥聰」這麼一個「溥儀的堂弟」。據專家研究，「愛新覺羅」後裔在中國約三、四十萬人，這麼大的基數，也沒誰敢冒充「末代皇帝堂弟」，因爲溥儀那輩皇室就那麼幾個人，這段歷史一目了然。

雖然媒體望風捕影，但風頭可能來自金溥聰，因爲這種家族歷史，只能本人提供；如果不準確，本人一定會澄清。現在連維基百科都這麼介紹，海峽兩岸媒體一片照抄，但人們迄今沒有看到這位曾經教授新聞的「末代皇帝堂弟」出來澄清，強調新聞的眞實【註】。反而（據報導）他曾跑到南京的中山陵，對著孫中山說什麼他是「大清不肖子孫」，好像眞有那麼回事似的。

退一萬步講，即使金溥聰眞是皇室遺少，但清王朝是國民黨

革命、推翻的對象。國民黨秘書長炫耀自己是滿清皇室,這不是邏輯混亂到「亂倫」的地步嗎?但這種事在國民黨權貴中並不罕見。蔣介石的孫子蔣孝嚴就曾經跑到中國,當著中共陝西省委書記的面,誇讚、吹捧中共拍攝的打敗國民黨、慶祝建政60年的宣傳片《建國大業》,還連看兩遍。金溥聰是巴結被國民黨推翻的大清帝國,蔣孝嚴則諂媚「滅了」國民黨的共產帝國。你說一個國民黨的秘書長、一個國民黨的副主席,頭腦都壞掉到這種地步,難怪這個黨今天去跟共產黨亂倫。

金溥聰被稱為一路輔佐馬英九的「金牌、王牌」,儼然一副「黨國」皇親國戚的愛新覺羅了。但愛新覺羅代表的是大清王朝的滅亡,王牌,也可能是亡牌。

【註】本文在台灣《自由時報》刊出之後當晚,金溥聰發表聲明說,他不是愛新覺羅皇帝的堂弟。

胡為真的「真胡鬧」

　　在西方，毛澤東已是「惡魔」的同義詞，因為在他的統治下，據外國專家推算，可能有高達八千萬中國人非正常死亡！僅僅是毛澤東發動的文化大革命，據中國官方的統計，就導致二百萬人喪生，七百萬人傷殘。

　　但由於中國至今仍是毛式統治，有關毛澤東真相的書仍無法出版。在西方，由於很多對共產主義有浪漫情懷的左派主掌媒體，所以對批毛也不熱衷。在這種情況下，旅居英國的華裔作家張戎（和她丈夫合作）揭示毛罪惡的英文專著《毛澤東：鮮為人知的故事》（*Mao: The Unknown Story*）的出版，起碼填補了這個重要的空白。文革時曾駐北京的英國外交官喬治‧華頓在英國《每日新聞》上發表書評，稱它為「關於二十世紀最嗜殺、最腐敗的獨裁者的最權威傳記」，並預測這本書的內容，「能永遠結束對毛澤東的時髦崇拜。」香港最後一任總督彭定康則說，這本「最具說服力」的書告訴世界，二十世紀最邪惡的暴君不是希特勒和史達林，而是毛澤東。

　　張戎是國際知名的暢銷書作家，其代表作《鴻》在全球賣了一千萬冊。這本被稱為「毛傳」的專著，也是一出版就登上暢銷

榜，在英、澳、紐西蘭三國都是非小說類排行榜之首。當時的美國總統布希也讀了此書，並推薦給來訪的德國女總理。美國現任總統川普也讀了這本書，為他了解中國提供了重要背景資料。無數英文世界的讀者，像美國總統一樣，因張戎的「毛傳」而更瞭解共產黨統治的當今中國，因毛式專制在那裡仍無本質上改變。

這樣一本批毛力作，在中國無法出版，人們可以理解，因它直接挑戰中共的毛式統治。但在被稱為「亞洲民主樣板」的台灣，其譯本卻被阻撓問世，則是莫大的諷刺，甚至荒唐透頂。

主要原因是該書提到已故國民黨將軍胡宗南可能是共產黨的紅色間諜。所以胡的長子、前台灣國安局副局長、駐新加坡代表胡為真（後來還當上馬英九政府的國安會秘書長）就杯葛出版商。胡的舊部黃埔軍校「將星」們也雲集出版社抗議，逼迫已簽約的「遠流出版社」毀約，不准出版此書。而且據張戎的弟弟張樸撰文披露，台灣其他出版社要出該書，也遭到胡為真的「警告」，甚至連一些發行商也不放過。結果中文世界的讀者，尤其是對共產中國沒有第一手經歷與認知的台灣新一代，無法在第一時間看到此書的中文版，失去一個瞭解和認清共產中國的機會。

支持國民黨的泛藍媒體，熱衷於捕風捉影的「爆料」，當人們指出爆料不實，他們就祭起「新聞自由」大旗，但面對就在眼前發生的如此剝奪人民知情權的踐踏新聞自由事件，泛藍媒體不僅不高聲譴責，甚至連追蹤報導的興趣都缺乏。

胡為真不是一個街頭痞子，他是政府官員，是駐外代表，但他的做法，讓人想到國民黨曾熱衷的黑社會。胡為真如果對此書

的內容有質疑和不滿，起碼可以採取三種理性方式：

一是法律方式，告到法院，請法院下「禁制令」，不許此書進入台灣。事先禁出雖是非常惡劣的一種（這在西方國家已經基本不存在了），但起碼是尋法律途徑。

二是等書出版後，跟作者及出版社打「誹謗官司」，這也是很糟糕的做法（因為胡宗南已經是歷史人物，後人完全有權寫他、評論他、甚至誹謗他），但起碼也是循司法渠道。

三是最正常的方式，那就是用言論對付言論，寫文章或著書，反駁書中的所謂「不實之詞」，最後讓讀者做出裁判。

但這三種方式胡為真都不選擇，而是用最惡劣的「黑社會」方式，威脅出版商。據報導，遠流出版社說，由於不出此書，他們將損失三千萬台幣。出版商寧可損失重大，也要毀約，可見他們遭到多大壓力；同時可想而知，胡為真們的惡霸勢力在民主的台灣仍橫行到何等地步！

據媒體報導，張戎為化解分歧，使譯本能出版，展現了高度誠意，同意在有爭議性的「胡宗南有可能是紅色代理人」之後加添「這並非定論」字樣，同時在書中附上遠流公司網址，刊載胡氏家人見解。但胡為真們還是堅持阻止這本書在台灣的出版。

按理說這是一本英文書，已在西方出版，如果胡為真認為這構成誹謗和傷害，他應該和出此書的英國出版社打官司，討「公道」；但胡為真為什麼不這樣做？因為他知道在法治的英國，他根本無法贏得官司。即使在台灣，他都不敢走司法渠道，而是用什麼黃埔軍校「將星們」聚眾抗議，動用他的私人關係威嚇。據

媒體報導，遠流出版社說，胡為眞幾乎找遍他的所有朋友，勸阻此書的出版。

張戎的「毛傳」八百頁，其中涉及到胡宗南的只有八頁，才百分之一，但就因為胡宗南後人的威嚇，該書中譯本就無法在台灣面世。眞是反了天了！

張戎的弟弟後來還披露說，連張戎本人都受到威脅。一位異常積極為胡為眞效力的人士曾在電話裡對張戎說：「胡宗南的兒子、侄子，我都認識。他的侄子還在國家安全局做事。」「國家安全局是什麼局？那是個什麼地方，你應該明白。」這種赤裸的恐嚇，簡直和國民黨蔣家王朝的時代毫無兩樣！

有朋友為張戎擔憂，因為二十年前，居住美國的台灣作家江南因寫《蔣經國傳》，就被台灣當時的國安局長汪希苓指使黑幫暗殺了。此事在美國警方追查下，最後國民黨當局不得不認帳，但那個國安局長在監獄待了幾年就出來沒事了；而江南則賠進一條命。最後蔣經國的私生子章孝嚴出面和江南遺孀「談判」了結，只賠了一百多萬美元。

國民黨動用黑社會搞政治，早就有歷史。蔣介石和上海青紅幫頭子稱兄道弟，利用黑幫殺害異己，有詳細的歷史記載。蔣介石的安全局們，在國共內戰期間，在昆明暗殺詩人聞一多等，更是臭名昭著。雖然聞一多思想左傾，但用暗殺這種流氓、惡棍方式，只能把更多年輕人推向共產黨。

也許正是由於長期靠暴力專制的國民黨本身就有黑社會的性質，所以它才那麼熱衷和黑社會結盟。後來林義雄家遭滅門、陳

文成教授被謀殺，背後都有清晰的國民黨和黑社會的影子。即使國民黨在台灣失去權力之後，在群眾集會上，也發生過穿著黑衣黑帽的黑幫分子毆打綠營民眾事件。

今天，國民黨雖然下台，但其長期專制、實行黑社會統治的毒菌，仍在台灣社會無處不彌漫。早已像恐龍一樣遙遠的「胡宗南」的後人們，今天仍在台灣如此囂張，這和國民黨的勢力仍主導媒體、出版、司法等上層建築有直接的關係。許多國民黨人還在「專制後遺症」中持續發昏。

《毛澤東：鮮為人知的故事》如果能及時在台灣出中譯本，可能會在某種程度上稀釋國民黨的黑社會遺毒。也許正是看到了這點，國民黨的將星和前安全局們，才那麼杯葛這本書。但明擺的事實是，這本書的中文本遲早會和全球的華人見面，胡宗南的後人們，除了給自己留下一個阻止言論自由的惡名、給他們那個不那麼光彩的祖宗再抹黑一筆之外，什麼也得不到。

輯二

露出馬腳的馬英九

馬英九倡四書五經的三大錯誤

　　國民黨在總統大選時曾推出一個競選廣告片，內容是倡導孩子們讀中國古代的四書五經，結果引起很大爭議。號召孩子讀書，怎麼會引起爭議？因為這個廣告片，至少有三個明顯的錯誤：

第一，把政治跟文化連到一起，要由權力者主導文化

　　中國古代的經書，屬於文化的範疇，不應該被政府主導，更不應由權力者決定。而國民黨的總統候選人，推崇某種文化，把它做為競選廣告，給人強烈的感覺，就是要文化為政治服務。在中國歷史上，凡是統治者刻意強調一種文化時，就一定是人們的思想受限制、言論被控制、文化遭殃的時代。例如中國歷史以來，至少有四個代表性事件，顯示這種文化專制傾向。

　　第一個是孔子時代，這個被當今海峽兩岸的國、共兩黨都歌頌為「聖人」的孔子，在做魯國的司寇（相當司法部長）時，就把他同時代的一個著名學者少正卯給殺了，理由是少正卯思想不純正，講學蠱惑人心。這幾乎跟今天共產黨的以言獲罪一模一樣。孔子殺少正卯，就是要思想控制，達到輿論一律。我們且不

談其它，僅是殺害了一個文化人這一點，孔子就不是聖人，他是中國開殺戒、扼殺言論自由的第一人。

中國文化專制的第二個代表性事件是秦始皇的焚書坑儒，用大規模燒毀圖書、殺害讀書人來實行大一統的文化專制。

第三個事件是漢武帝廢黜百家、獨尊儒術，確立儒家在文化思想領域的絕對主導地位，其實就是用儒家的秩序等學說，進行君王們的專制統治。這也是為什麼中國的歷朝歷代都尊孔、獨尊儒家的原因之一。

第四個代表性事件是毛澤東的文化大革命，革文化的命，迫害知識分子，要求統一思想，統一行動，完全是秦始皇式的文化政治獨裁。

今天由台灣的最高權力者馬英九來提倡四書五經，無法不給人一種感覺，讓人想到當年孔子、秦始皇、漢武帝、毛澤東，又是要統治者來主導文化，要文化為政治服務，把人們的思想往一元化方向推。競選廣告片倡導四書五經，明顯是用文化搞政治，是赤裸裸的拿文化說事兒，目的是政治、是權力、是選票、是總統大位。所以這個倡導四書五經的廣告片無論形式還是內容，都是有嚴重問題的。

第二，要求今天21世紀的孩子們去讀四書五經，等於是謀殺孩子的生命

四書五經是古文，本來中文是象形文字，比用字母拼的文字，像英文之類，就麻煩了很多。學中文的孩子們，光是學會那

些方塊字，就要比學英文的西方孩子們多花很多的時間。如果說英文世界的孩子學文字用五年時間，華人的孩子就得用七年八年甚至更長的時間，只是在這一點上，從一開始，華人的孩子就等於人為地落後了好幾年。

現在你又增加文言文，更要浪費孩子們多少時間、多少精力呵！那些古文，應該由專家來翻譯成白話文，而不是把孩子們最寶貴的成長期的生命，浪費在被魯迅稱為「死文字」的東西上，因為那是害孩子的命！

蘋果公司的創始人賈伯斯去世時，很多中國人在討論，為什麼中國不出愛因斯坦、不出愛迪生、不出賈伯斯這樣的發明家？除了制度外，其中一個原因是，中國孩子，都被什麼之乎者也弄迷糊了，生命都「之乎者也」進去了，浪費了大量本來應該用在學科學、學現代知識的時間。

今天，文言文在中國課本中的比例都已降到百分之三十以下了，而台灣的文言文在課本中的比例竟高達百分之四十五，但還覺得不夠，還要提高到百分之六十五以上，國民黨馬英九等統治者不是瘋了嗎，不是要害死台灣的孩子們嗎？

第三，是深化、強化中國文化中有毒素的一面

中國文化中當然有很多正向價值的東西，但是，它的核心文化價值取向，是群體主義，是皇權思想，是君臣父子的等級和家族觀念，一言以蔽之，是對集權、秩序的崇拜，而不是確立和推崇自由的價值、生命的價值、尊嚴的價值。

在中華文化中尤其沒有個體主義（individualism）的價值觀，沒有保護個人權利的概念。整部中國歷史，都是集權統治的歷史，幾千年的文言文鮮見對這種歷史的痛斥，反而是推崇和欣賞這種群體主義。中國傳統文化的主體價值，不能塑造獨立的個人，無法形成心靈強大的個體。這也是為什麼今天當突尼斯、埃及、利比亞都發生革命推翻了專制，在中國人那裡，還是一片黑暗。全世界都走向了民主，中國還是專制。

台灣雖然民主了，但文化轉型依然十分艱難，這就跟中國文化的價值取向有直接的關係。群體主義為核心的價值，就塑造大一統思想、沙文主義思想的人。這也是那些身在台灣、並沒有受到共產黨集體主義價值觀洗腦的「在台中國人」不能尊重和接受台灣人民選擇權利的根本原因。 所以從這個意義上說，今天發生在台灣的一切，不是什麼藍綠之爭，也不是統獨之爭，而是文化價值取向之爭，是繼續走四書五經的大一統洗腦方向，還是更多地吸取尊重個體權利的西方文明的主體價值。

今天，人們明白了這一點，就能明白馬英九和國民黨們為什麼要在競選廣告中打中國傳統文化的主意，打孩子們的主意，他們就是要把四書五經裡的群體主義價值觀灌輸到台灣的下一代頭腦中。這種潤物細無聲的文化洗腦成功，政治層面就可以更容易地朝「他們期待」的方向走！

馬英九跟金溥聰是「同性戀夥伴」嗎？

　　馬英九跟金溥聰是同性戀夥伴？這不是新聞，而是台灣無論藍綠陣營中都有的傳聞。雖然性行為是一個人的隱私，但馬英九、金溥聰這兩個人不同，當時他們一個是總統兼國民黨主席，一個是執政黨秘書長，是台灣最有權勢的一對。他們的道德操守，應該接受選民的監督和制約。

　　如果他們是同性戀夥伴，那就好像美國當年那個性醜聞的總統柯林頓，把女實習生陸文斯基提拔做白宮幕僚長或民主黨執行長，那整個國家的運作，等於在兩個人的床笫之間進行，這無論從民主政治、權力制衡，還是基本道德倫理上，都是必須指責的。

　　在前總統陳水扁受審時提出2008年總統大選期間，曾有馬英九涉嫌跟一位美國黑人有同性戀關係的「巧克力光碟」事件時，我在台灣《自由時報》的題為〈如果馬英九是同性戀〉的專欄文章中指出，「雖然性傾向是個人隱私，但馬英九在競選總統時展示給選民的，是一位有異性妻子和正常婚姻的好丈夫形象，這點當然是他贏得選票的一個原因。如他是同性戀，並有婚外同性關係，顯然就是要弄了選民。」

基點在於馬是否欺騙公眾

　　馬英九能當上總統，女性票是關鍵因素，他拿到了六成以上！這在任何民主國家的選舉中，都是罕見的比例。像美國大選，在女性選票上，雙方頂多差幾個百分點而已，超過幾十個百分點，完全不可想像。像2008年總統大選，年輕、瀟灑、善言的歐巴馬大勝年邁、口拙的馬侃，贏得了近年民主黨最多的女性票，但那才是五成六（仍比馬英九少十個百分點）。所以，靠女性粉絲當上總統的馬英九，如果是同性戀（等於假婚姻），再搞婚外情（不道德），則屬多重欺騙，尤其是對那些女選民。而馬英九當年以高票勝過王金平當選黨主席，獲得多數女性票也是主要原因之一。

　　我在專欄中特別提到，美國有多起政治人物因隱瞞同性戀被揭出而下台。像左翼民主黨的新澤西州長麥格瑞維，雖有妻子家庭，但被揭出是同性戀（跟男助理有性關係），結果因「欺騙公眾」醜聞而被迫辭職。還有一位保守派共和黨的國會議員，也被揭出是同性戀，猥褻實習生，也馬上被迫辭職。

　　今天，無論在世界任何國家、任何人群中，大概都有同性戀者。而同性戀者參選公職，也早不足為奇。在開明的國家，越來越強調不可有性傾向的歧視，甚至通過立法，保護同性戀者的合法權益。在美國，南方的德克薩斯州是保守派的大本營，這個兩任總統（布希父子）家鄉的現任州長、兩名聯邦參議員，都是保守派的共和黨籍；該州的參眾兩院，也是共和黨占多數。但不久

前，德州最大城市休斯頓（全美第三大城市）的市長，就是一位女同性戀者當選。她沒有隱瞞同性戀身份，更沒像某些政治人物那樣利用「婚姻」做掩護，而是把自己的同性戀伴侶請到競選台上，大大方方地介紹給選民。她的誠實，感動了選民。

所以人們對馬英九是否同性戀的追究，基點在於他是否欺騙公眾，政治領袖是否誠實。如果在這麼重大的人生問題上，馬英九都欺騙選民（當然也欺騙妻子），那人們是否可以相信他會誠實地使用權力，處理國家大事？

兩岸同性戀者說馬英九是gay

就同性戀問題，九十年代中期我曾在北美《世界日報》（聯合報系）發表過一萬多字關於同性戀問題的長篇採訪報導和評論〈在一個隱藏的世界裡〉（該報編者按說，該文是美國華文媒體第一篇探討同性戀問題的文章）。當時為那篇採訪我做了很多「家庭作業」，讀了中國研究同性戀的專家李銀河、王小波、方剛等寫的專著，還有其他同性戀者提供的一些書籍，並採訪了多名華人和美國同性戀者，還和當時正在哥倫比亞大學新聞學院讀碩士的妻子一起，到紐約曼哈頓的同性戀俱樂部實地採訪，並為香港《開放》雜誌寫過紐約同性戀大遊行的專題報導等。

起因是剛來美國不久，在哥倫比亞大學東亞所做訪問學者時的同事、美國學者司馬晉（James Seymour）就是一個公開的同性戀者。當時我非常好奇，就跟他聊起了這個話題。他的「愛人」（同性戀者喜歡這個表達，說他分不出誰是「丈夫」和「妻

子」）是從中國逃亡到美國的政治避難尋求者，這一對伴侶還曾到我們家喝酒、過春節。他們也邀請我們到紐約的同性戀聚會點Fire Island參觀、採訪，他們在那裡有個別墅。我們也請過其他通過採訪認識的同性戀朋友到家裡做客。通過那些實際採訪和專著閱讀，對同性戀問題有了一個基本的認知。

馬英九是同性戀？不僅是台灣社會的傳聞，在海峽兩岸的同性戀圈子，更有人這樣認為。台灣前衛生署長涂醒哲曾在《新台灣新聞週刊》撰文說，「本人由於從事愛滋防治，曾聽不少同志病友提過馬英九是同性戀，而且馬英九曾當選過同志夢中情人第一名。」

我也曾就此詢問過一位中國同性戀團體的知名負責人（也是同性戀問題專家），這位不願公開姓名的同性戀者（他也有妻子孩子）說，在中國，同性戀圈子裡的人，都認為馬英九是同性戀。他還舉例說，馬做台北市長時，到香港訪問，總願參觀廁所；其實馬英九是去「懷舊」，因為在亞洲同性戀更受壓制，最初都在男廁找同性夥伴。這一層內容，非同性戀者很難想到。在北京，同性戀者常在靠近紫禁城的兩個被稱為東宮、西宮的公共廁所碰頭，後來導演張元還就此拍了部《東宮西宮》的電影，是中國第一部同志影片。

叫像鴨子，走像鴨子，就是鴨子

為什麼同性戀者認為馬英九是gay？可能就是由於自身獨特的經驗，使他們能夠觀察和感覺出，馬英九跟他們是同樣的性傾

向。美國俗語說：「叫起來像鴨子，走起路來像鴨子，那它就是鴨子。」

眾所周知，馬英九說話比較女氣，被稱為「娘娘腔」，雖然這種說法涉嫌歧視女性，但馬英九的柔腔媚調，是人所共知。那句被問到喝醉沒，他的回答「沒有啦」嗲聲嗲氣，成為馬氏經典，如不看影視畫面，根本想像不到是一個男人說的。

馬英九還有一副英俊小生的長相，有大量女粉絲。但馬在權力中心（從給蔣經國做秘書開始）三十年，卻從來沒有和女人的「緋聞」。連馬英九的父親都被「女人」問題纏身（死在一位乾女兒家裡），但馬英九卻常在河邊站就是不濕鞋，這在權力者中並不多見。連中國頗有影響力的《南方週末》也報導和評論說：「縱然魅力折服台灣女性，然而小報記者卻從未搜尋到馬英九的桃色新聞。」真是正人君子，當然值得稱讚。但如果是男同性戀者，當然也不會對女人有興趣。

馬英九是同性戀一說，除了社會傳聞，在台灣藍綠政治圈中，也是飯後茶餘的話題。民進黨立委李俊毅曾公開暗示，馬英九是同性戀。藍營的人，也這樣認為。前幾年我去日內瓦參加全球漢藏會議時，見到一位前新黨立委，在飯桌閒聊時，談到馬英九的同性戀傳聞，他不假思索說，馬英九是同性戀，藍營高層都知道。他還繪聲繪色地講起，有一次多位台北市議員跟馬英九酒宴，當問到馬身上的一件東西時，馬用女人般撒嬌的口氣說：「這還是他送給我的呢！」那些議員們都知道那個「他」是誰。這位新黨立委的一番描繪和模仿，引來全桌一陣哄笑。

從不正式否認就反常

對被社會廣泛議論的他是同性戀這個問題，對任何批評都相當敏感的馬英九，卻從來沒有一次出來正式否認，這本身就是反常的。

例如在上述「巧克力光碟」事件時，馬英九沉默了好幾天，最後在媒體追問下，才出來說，光碟事件「完全是子虛烏有、空穴來風」。馬英九只是否定了「光碟事件」，但沒有說自己不是同性戀者。

按道理，以愛惜羽毛、不沾鍋形象著稱的馬英九，遇到如此轟動的「傳聞」，如果純屬「空穴來風」，似應在第一時間就高調、嚴正地駁斥。但直到媒體炒翻天了，才用這個問題「很無聊」的搪塞方式作答，而不是直接回答他是不是同性戀。馬英九如果沒有欺騙，就應該用公開、嚴肅的方式，理直氣壯地告訴世人，雖然他維護同性戀者的權益，但他本人不是同性戀。可馬英九為什麼就是不明確澄清或申明呢？

男同性戀者有兩個許多人都瞭解的特點：一是性夥伴往往不止一個，性關係不穩定是常見現象；二是圈子裡的人，基本都知道誰是同性戀。如果馬英九真是同性戀，卻公開申明他不是，必定會得罪和激怒圈子裡的人；如果再有前夥伴出來揭露，那後果就嚴重了。

性炫耀，刺激他人性幻想

馬英九當台北市長時，對同性戀鼎力支持，更是人所共知。馬英九也多次主持過同性戀者的「婚禮」，最多一次，是三十多對同性戀者的婚禮。他和那些同性戀者，不僅互動熱絡，有共同語言，甚至在追求體能健美上，也有共識。馬英九曾用炫耀的口氣說：「我在擔任台北市長時，台北市被認為是亞洲對同志最友善的城市，因為政府編預算來幫同志辦活動。」

隨後網上就有人批評這種「支持同志運動做為政績來宣導」的做法，指出馬英九「沒有權利，將我的稅金支持同志運動」。因為即使在西方開明國家，也沒聽說用納稅人的錢，國家編預算給同性戀辦活動。也有人批評說，台北市府應把公帑用來做愛滋防治，而非鼓勵同志結婚。

但馬英九不僅樂此不疲，還辯護說：「同性戀它是天生的，沒辦法用後天去改變，那麼這些觀念，其實很多人都不一定知道。」在西方，即使是開明的政治人物，同情同性戀者，一般也不會肯定地說「同性戀是天生的」。因為到底是天生還是後天，至今在學界仍有爭議，是一個未定性的東西。只有同性戀者本人，多強調是「先天」，以此印證其不可改變性。馬英九做為這麼重要的台灣政治人物，為什麼要宣揚「先天」呢？這也難免令人猜測他本人的性傾向。

很多男同性戀者的心理比較女性化，在外型上，也很注重健美，喜好運動、健身。有調查報告說，男同性戀者注重健身的比

率，遠多於異性戀者。在這方面，馬英九也很「入流」：他不僅喜好健身，而且還有「性炫耀」、刺激他人性幻想的癖好，例如公開宣稱騎車「沒穿內褲」，洗澡時農家女兒給他遞毛巾等等。此種做法對成年、已婚的政治人物來說，是不可思議的。

　　同性戀者，由於「性」的不同是其最重要的特色，所以他們尤其要表現與「性」有關的內容。這也是為什麼同性戀的大遊行，經常會有赤身裸體的展示（1994年在紐約的同性戀大遊行，有幾百個男人全身一絲不掛，女人則裸露上身）。爭權益也好，言論自由表達也好，為什麼一定要脫光衣服呢？常人都會覺得看不慣，因此降低對同性戀者訴求的同情。但樂於展示與「性」有關的身體部位，是同性戀者的一個特色。男同性戀者展示身體強壯，強化「性吸引」，多少有點像女人化妝一樣。

不帶妻子看《斷背山》

　　馬英九不僅熱心主持同性婚禮，對同性戀的電影等更是偏愛。台灣導演李安拍了一部同性戀影片《斷背山》，馬英九就非常著迷，竟從台灣跑到紐約，跟李安對談這個電影。那次他們在紐約法拉盛喜來登大酒店的「對談」，有很多媒體報導，包括台灣的《聯合報》、中央社，還有紐約的多維社等，詳細描繪了馬英九「傾心」斷背山的真情流露。

　　據李安說，他是應馬英九之邀，從紐約上州趕來。在對談時，馬英九感嘆，影片中男同性戀主角傑克的回眸一笑「令人著迷」，不斷問李安怎麼拍的。中央社報導說，馬英九表示對劇中

男配角傑克不時「回眸一笑」有著深刻印象，這種笑容不僅讓女生，連他自己都會「觸電」。當時有記者問馬英九是不是對傑克心動，他也坦誠回答：「我啊？會啊！會啊！」並說，每個人在人生中都有段愛的故事，「不一定是異性的，……但這感覺可能跟著他一輩子。」這也難免讓人猜測，他是不是在說自己心中的感覺呢？

一般異性戀者看《斷背山》，可能會對他們被迫過隱形人的生活有「同情」，但卻不會對同性戀者產生「深情」，更不會對同性戀者的「回眸一笑」產生情感的「著迷」。

據多維社記者的特寫，在談《斷背山》時，「馬英九的眼眶不時有些濕潤。到最後，語氣也略帶沙啞及哽咽。在訪談過程中，他一直不經意地撫摸著李安送給他的《斷背山》小說。而訪談結束熄燈後，他終於忍不住就著昏黃的桌燈，讀了起來。」

異性戀者，一般不會對一部同性戀電影「著迷」，也不至於對那部改編成電影的短篇小說愛不釋手，以致於在探訪記者還沒走，剛熄了探訪照明燈後，就迫不及待地讀了起來。如果馬英九不是同性戀，那怎麼解釋他這些「非同一般」的心理、情感狀態呢？

後來在談到台美關係這種大事時，馬英九也喜歡引用《斷背山》，他曾說：如果台美關係像《斷背山》，那麼，就必須像兩位男主角一樣有互信，不能經常給對方surprise！居然能把台美關係和《斷背山》連上，這更是非同性戀者難以想像的，因為要比喻「互信」的關係，有多種多樣，在異性戀夫妻中更為典型；

電影等文藝作品更多如牛毛，為什麼偏偏選一個罕見的「斷背山」呢？

有報導說，馬英九去看電影《斷背山》，不是和妻子周美青，而是跟自己的母親和姊姊一起。做為公眾人物，馬英九如果跟周美青一起去看這部片子，那對他是同性戀的傳聞，可能會有一定的澄清作用。但為什麼不跟妻子一起看，而是跟別人？是不是周美青拒絕跟他一起去看《斷背山》，不願被傷害和羞辱呢？

得不到滿足的女人

周美青對丈夫的異常情感反應，也是人們質疑馬英九是同性戀的重要依據之一。馬英九夫婦之間缺乏親密感，不僅不是秘密，而是眾所皆知。在總統大選最需要表現候選人夫婦親密的時候，國民黨陣營竟找不到幾張馬英九跟周美青的親密夫妻照。他們已結婚幾十年，居然很難找到「親密照片」，這本身就有點不合人之常情。

連中國媒體都報導說：有島內政壇帥哥之稱的馬英九，讓許多「女馬迷」魂牽夢縈，都想要一親芳澤，馬英九被摟摟抱抱、摸臉、偷親屢屢出現。但是類似親密舉動，在公開場合中，就算馬英九自己送上門，他妻子周美青也會故意閃避。

被自己的丈夫親暱一下，妻子怎麼會「故意閃避」，不願接受？除非是感情糟透了。在我讀到的名人傳記中，只有托爾斯泰，晚年最後一張夫妻合影，妻子要表現親密，他卻扭頭不理，還一臉慍怒。因他們夫婦已吵鬧了一輩子，到了晚年感情傷透

了。托爾斯泰在日記寫道：「再次要求裝出恩愛的夫妻合影，我從頭到尾感到羞恥。」

馬英九跟妻子關係冷淡，他周圍的很多朋友知道。據說周美青從來都不進馬英九的辦公室。在馬英九第一次當選總統之際，極力要吹捧馬英九跟周美青這對「最佳拍檔」的美麗「愛情」故事的《聯合報》，居然找不到一個感人的情節，卻引用了這麼一個細節：與周美青是小學同學的張艾嘉日前透露曾因說要找「馬太太」被周美青掛電話。媒體還報導說，台大哲學系教授林火旺、前台北市民政局長林正修等人都說，過去十年來，也只見過馬嫂二次。而且馬英九也坦誠，「我們很少全家一起出門。」據馬說，至少有十四年沒有全家出遊了。

馬不回家，讓妻子獨守空房

在一次媒體訪談中，周美青告訴記者，身為馬英九的太太，最大的感觸是「必須自立自強」。為什麼做妻子的要「自立自強」，做丈夫的幹什麼去了，怎麼要妻子獨頂一片天？周美青無奈也略帶自豪地說：「我天天在家早就獨當一面了。」據馬英九自己披露，在SARS期間，他曾經連續42天沒有回家，一直睡在辦公室。雖然SARS防治很重要，做為市長應該盡心盡力，但同在一個城市，馬英九竟然連續一個多月都不回家睡覺，讓妻子獨守空房。這不僅是大可不必，也太過分了吧？後來馬英九打電話說要回家時，周美青竟說：「你回來幹嘛，SARS未滅，何以家歸？」這像是恩愛夫妻之間應該說的話嗎？而且「SARS未滅，

何以家歸」這種文縐縐的語言，根本不像電話中的口語，是不是記者或馬英九本人加上去的？而「你回來幹嘛」，恐怕才是周美青的心聲！

馬英九夫婦的感情冷淡，從周美青對媒體的不經意抱怨也可看出。有一次周美青接受記者採訪，在被問到馬英九究竟何處吸引她時，周美青竟回答說：「這個問題能不能省略？因為，實在想不出來。」

哪有做妻子的想不出丈夫有任何吸引自己之處？難道馬英九夫婦是被包辦的封建婚姻？尤其是當今政治人物的妻子，居然公開對記者說，「實在想不出來」丈夫的吸引力，甚至要求「省略這個問題」。我很奇怪，為什麼沒有記者追問，周美青怎麼會對丈夫如此心灰意冷？是什麼事情傷透了她的心？

馬英九家裡到底發生了什麼事？周美青不僅對丈夫心冷，甚至還明言：「馬英九從來都不是偶像，他也永遠不會是我的偶像。」馬英九是政治人物，得到過半台灣民眾的認可，當上了總統；可這妻子怎麼對自己的丈夫連最基本的尊敬和欣賞都沒有？那種口氣中，不僅流露出情感淡漠，甚至有一種蔑視和反感的氣息。

周美青：下輩子不嫁馬英九

2008年的情人節時，馬英九、周美青夫妻在台中出席活動。主持人問，這麼好的男人到手！快教我們一下。周美青不僅沒有說出馬英九好在哪裡，反而回問記者：「他好嗎？」而馬英九就

在身邊，只有尷尬地笑笑。

周美青不經意抱怨、甚至批評、貶低馬英九的話，不時在媒體上可以看到。即使在總統大選前的造勢晚會上，上台致辭的周美青，面對台下黑壓壓的馬英九支持者，也不忘抱怨幾句丈夫：「馬英九不是一個會關心、體貼別人的人。」得是多麼缺乏關愛，妻子才會說出這種話？

周美青甚至還曾公開對記者說：「馬英九在家裡沒什麼用。」馬英九在政治上再無能，做為丈夫和男人，也不會「在家裡沒什麼用」吧？周美青怎麼會發出這樣的抱怨？而當時就在身邊的馬英九尷尬地回應道：「家裡有那隻馬小九（流浪狗），她就不要我了。」而真實情況，到底是誰不要誰的呢？

馬英九的愛將、曾任台北市新聞處長、對馬的生活相當瞭解的吳育昇立委曾在中國《南方週末》上說：「馬英九多年來堅持自己熨衣服，每日換的襯衫都親手熨過。」或許馬英九對自己的衣物有一種女性般的偏愛，也或許妻子周美青拒絕給他熨衣服。《中國時報》前總編輯夏珍也在這家中國周刊上說：「在他（馬英九）的生活裡，給家人的時間都很少。」

恐怕最能說明馬英九夫婦關係的，是周美青的名言，如果有下輩子，不要嫁馬英九。周美青後來還發誓說：「下輩子不結婚。」馬英九要把妻子傷到什麼程度，周美青才會說出這樣絕情、絕望的話？

對大多數妻子來說，有一個形象英俊、事業一帆風順、經濟有足夠的保障，給了她兩個漂亮女兒，且沒有任何男女風流豔史

的丈夫，應該是會有相當的滿足感。那到底是什麼事情，把周美青傷到如此地步，不僅連丈夫的親吻都拒絕、閃避，還公開抱怨，馬英九在家裡「沒什麼用」？下輩子不要嫁馬英九，甚至厭惡到下輩子連婚姻都不要了。馬英九到底在哪些方面上沒有盡丈夫的「責任」呢？周美青未見得是個好妻子，但一個妻子如此哀鳴、絕望、抱怨與傾訴，那丈夫是否的確有令人質疑之處呢？

巧克力是誰的性伴侶？

如果馬英九是同性戀，那麼誰是他的「同性伴侶」？在2008總統大選時，就有一盤「巧克力光碟」被禁發行。當時馬英九在選前自我爆料，說有盤光碟，是說他同性戀，「這太離譜。」顯然是想事先「消毒」。對這盤光碟，跟馬打擂台的民進黨總統候選人謝長廷也似乎知情，他後來評論說：「他（馬英九）是七百多萬人選出來的領導人，要給他留點面子。」那麼這盤光碟中有什麼內容讓馬英九「丟面子」？

所謂「巧克力」，是到台灣發展的美國黑人藝人查理・馬克（Charles Mack）的綽號。他是一位雙性戀者，和台灣女子張瑋津結婚。但後來被妻子提告，說他有梅毒，並性侵兩名男大學生。在開庭時，馬克拿出醫院證明，他曾染梅毒（是到台灣之後），但已治療痊癒，不具傳染力。另外所謂性侵兩名男學生，並無證據。但上午庭審，晚上馬克就被台北警方押至機場，強行驅逐出境。

馬克當時在台灣發展已十六年，精通台語和北京話，多才多

藝。他身兼歌手、電台節目主持人和舞蹈老師等職，還出過書和運動專輯。他熱心公益，2003年春，曾在台北舉辦「捐助新竹縣貧困學童慈善晚會」，募到的二百萬台幣，有一百萬是他跟妻子捐出。這條新聞還登上新竹縣政府的網頁。

馬克被逐事件，引起不少人抗議，認為是歧視和排外。他的前演藝圈同事說，這令人難以置信，因馬克在台灣的公眾形象一直很好。更有讀者投書《蘋果日報》說：「這個案子體現出我們移民法制與行政蘊含著的歧視與落伍。我更深深地為台灣的排外主義而毛骨悚然！」

台灣當時有「愛滋感染者權益促進會」等四家民間團體發表〈被驅逐的是台灣社會的民主自由〉的聲明，認為因感染梅毒就被驅逐出境，「是台灣邁向民主開放之路的最大諷刺！」

巧克力被逐是個「謎」

臨行前，馬克表示，他非常喜歡台灣，只是因膚色與同性戀的性向才遭到歧視。這是非常不公平的一件事，他未來還將回來台灣。

馬克被台北警局遞解出境的2004年，正是馬英九做市長。而後來的「巧克力光碟」，據說主要涉及馬克與馬英九。據當時負責驅逐馬克的台北警局外事科長曹晴輝說，馬克在台灣曾跟多名男性發生性關係。這「多名男性」中，是不是有馬英九？一直熱心支持同性戀、年年主辦同性「婚禮」、甚至編制政府預算給同性戀辦活動的馬市長，為什麼這個時候不出來同情、支持一下同

性戀者馬克？當時這個案子被媒體廣泛報導，那麼「關心」同性戀的馬英九，怎麼會不知情？但他為什麼無動於衷？有評論認為，不排除是馬英九「驅」人滅口，擔心馬克事件引火焚身，把他燒出「原形」。

這樣的事情如發生在美國，媒體哪怕挖翻天也要找出馬克。張瑋津後來說，她沒有跟馬克離婚，還曾去美國看過馬克，他已出家成和尚。馬克被驅逐時，他在芝加哥的妹妹（Patricia Mack）在網上發文，要聯絡張瑋津，營救哥哥。她還在網上留下自己的電話、家庭住址等，可見救人心情之急迫。當時網上英文民調，六成一的人認為「馬克被驅逐違反人權」。

「金溥聰和馬英九是連體嬰」

因那盤光碟至今都沒公開，到底馬克和馬英九有沒有「雙馬關係」，人們還不清楚。而台灣社會近年流傳最廣的說法是，曾官至國民黨秘書長的金溥聰是馬英九的「最愛」，兩人關係非同小可。

馬英九是當年在擔任國民黨副秘書長時，初會金溥聰，那時他是主考，金來應試公務員。結果兩人一見鍾情，隨後是近三十年的拍檔關係。馬到「研考會」任主管，金也跟其到這個機構任職。馬當上台北市長，金出任新聞處長，後又出任副市長。媒體稱金是「馬的分身」。《財訊》月刊說：金溥聰是馬英九的「極核心幕僚」，他在馬團隊裡的決策身影「瞻之在前、忽焉在後」，相當神秘。前親民黨立委劉文雄曾說：「馬英九只有三個

幕僚，第一是金溥聰，第二也是金溥聰，第三還是金溥聰。」可見兩人關係之親密。民進黨立委蔡煌瑯則說：「金溥聰和馬英九是連體嬰。」

跟國民黨頗為親近的陳文茜在香港《鳳凰衛視》播出的節目中說，金溥聰「對馬英九沒有保留，無限的效忠，為馬英九一人他肝膽相照」。無論在獨裁國家，還是在民主國家，兩個男性政治動物，被公認到如此親密無間的地步，還找不到第二對。由於跟馬英九有「極密切關係」，金溥聰在國民黨內說一不二，像皇帝的寵臣愛妾一樣，是一人之下，萬人之上。有時連「皇上」也得垂聽、認旨。

陳文茜對此描述說：「金溥聰一句話可以改變所有馬英九的思考。他一句話告訴馬英九說，你身邊的那個歐晉德副市長不怎麼樣，歐晉德就下來。跟馬英九的關係無論怎麼親近，只要金小刀不喜歡你，一刀砍向你，無論馬英九把你選為副手的蕭萬長，或者是副手蕭萬長最倚重的詹啟賢，都會從此失去了他在國民黨裡頭任何可以往上爬的地位。」

陳文茜甚至比喻說：「實質上金溥聰對國民黨的影響力，只有當年吳淑珍對陳水扁的影響力可以來比喻。」陳文茜等於是明說了。

陳文茜還引述一位長期觀察馬金關係的台北文化人的話：「馬英九崇拜金溥聰，遠超過金溥聰崇拜馬英九。當然金溥聰是非常、非常的效忠馬英九，兩個人都是不能沒有你，兩個人彼此之間的關係，是很難理解的。」

有一點可以理解的是，馬金的成長背景有相同點，都像《紅樓夢》中的賈寶玉一樣，是在女人堆的嬌寵中長大的。馬英九是家中獨子，有四個姐妹；金溥聰更多，有五個姐妹。他們缺乏機會瞭解，男人的行為應該是怎樣的。

情侶之間的打情罵俏

　　馬金的親密，有時在公開場合也不經意流露。例如金溥聰從香港回台，出任壹傳媒電視新聞行政總裁時，有記者問馬英九，跟他關係密切的金溥聰有可能拿到獨家消息嗎？馬英九的回應是：「他休想，哈哈哈！」那口氣，根本不是政治人物的嚴肅回答，而是情侶之間的打情罵俏。「他休想」這種親昵的口吻，除了夫妻、情侶之間，無論多麼近的同事關係，都是無法說出口的。

　　隨後金溥聰夫婦接受電視採訪，在被主播問到，他回台後是不是跟馬英九通過電話時，金溥聰居然馬上臉紅了。為掩失態，他還故意問旁邊的妻子周慧婷：「我臉紅了嗎？」

　　當民進黨立委李俊毅說馬金交情匪淺，「那種交情已經超乎友誼」時，金的反應跟馬英九手法一樣，也是只批評這種說法，但絕不公開、正式否認自己是同性戀。金溥聰當時在記者會上說：「我覺得這樣子實在是太超過。」「對我的家人，就是我的妻子非常不公平。」但是，如果金溥聰真的是馬英九的同性伴侶，那就不存在「太超過」問題。不是媒體對他妻子「非常不公平」，而是他自己對妻子「非常不公平」。但整場記者會，金溥

聰都沒明確說，他不是同性戀者，有沒有過同性戀行為。這和馬英九以往的「澄清」方式一模一樣。如此做法，當然無法消除人們的質疑。

如前所述，周美青表示下輩子不嫁馬英九。真是無獨有偶，金溥聰的妻子周慧婷後來出了本書，也說，如果有下輩子，她不再嫁金溥聰。誰都知道沒有下輩子，說下輩子不嫁你，其實等於明說，這輩子跟你過夠了。

這兩個女人的丈夫，一個是總統兼國民黨主席，一個是國民黨的秘書長，都是台灣最有權勢的人，兩個人也都一副風度翩翩的紳士狀。但這兩個重要的政治人物的妻子，卻都公開宣稱，下輩子拋棄現任老公。他倆又都沒有男女風流韻事，到底是多麼嚴重的問題，讓他們的妻子那麼不滿呢？

有人說，如果馬英九真是同性戀，他是不敢公開的，因亞洲社會對同性戀更不寬容，馬英九別說選總統，連他自己的國民黨也可能拋棄他。即使今天台灣已成為開放社會，但由於社會的壓力，多數同性戀者仍不敢公開「性傾向」，只能生活在「壁櫥」中。所以他們認為，馬英九也有令人同情的一面，如果他真是同性戀的話。

真正男人要的是真正的女人

同性戀者歷史以來都受到相當的歧視、不公平待遇，甚至摧殘。這點隨著文明世界的發展，正在發生著相當的改變。但由於這畢竟是一個大多數人不可理解的性傾向，所以，要得到普遍認

可並非易事。

　　但是，在當今這個已經很開明和文明的社會，社會壓力實際上還是同性戀者痛苦的第二位因素。他們更深層的痛苦，源於自身帶來的一些難以解決的問題，尤其是男同性戀者——那就是在他們當中，具女性氣質的占多數。他們希望對方驃悍、陽剛，更男性化。但正如影片《蜘蛛女人的吻》中那個同性戀者的傷感自白：「我始終在等待一個真正的男人，可是真正的男人要的是真正的女人。」

　　再者就是男人的弱點：性情不專一。俗語說，男人要性，女人要情。兩個男人在一起，更導致關係不易穩定，再加上法律又不許結婚建立家庭，缺乏社會婚姻的約束，所以他們之間難以保持長久的親密關係。這點在女同性戀者中就不存在，因雙方都更重感情，所以女同性戀的結合，似比一般男女婚姻更穩定。但她們也有類似問題，女同性戀者多有男性氣質與心理，她們更想找柔性、更女性化的伴侶。但真正的柔性女子要的又是真正的男人。

　　性伴侶選擇不易帶來的苦惱，難以建立穩定家庭的痛楚，再加上來自社會的歧視等，使這個少數群體承受著比別的群體更大的痛苦。而如果馬英九是同性戀者，那他自然比其他人有更多的難言之苦，因他是國家元首，他要小心謹慎，甚至戰戰兢兢地扮演好男人、好丈夫的形象——為了女粉絲，更為了選票。他壓抑地扮演一種公眾角色，卻不能成為真正的自己。由此也可以理解，為什麼談到《斷背山》，他會感動得哽咽、嗓音沙啞。他可

能從中看到了同樣的壓抑，感受了兩個真心相愛的同性戀者，在那個沒有人煙的廣袤「斷背山」上的瞬間解放、成為了自己的愉悅。

但《斷背山》是以悲劇結束。相當鍾情同性戀題材的李安，給《斷背山》安排了一個非常「美」但卻更「淒」的結局。該片原小說作者是位女同性戀，她的原作也是一副悲涼的格調。她和李安都安排同性戀一個宿命般的悲劇結尾，這是否意味著，他們自己對這種性傾向的命運和前景不樂觀呢？有影評指出，李安實際上是通過這部影片，否定了同性戀行為。

我採訪過的同性戀者很多都表示，如果能選擇，下輩子不會做同性戀。無論這種性傾向是天生還是後天，無論外人評價如何，最重要的是自己的感覺。幸福和天生關係不大，和人生的選擇卻有最大、最直接的關係。周美青曾說，下輩子不會嫁馬英九，也不會選擇結婚；那麼馬英九如有下輩子，他會怎麼選擇呢？

「性壓抑」和
馬英九的刻毒

　　馬英九如果有下輩子，到底會怎麼樣，沒人知道。但他這輩子的言行，卻給人強烈感覺，如果同性戀者掌握最高權力，則很可能因「性壓抑」而產生一種刻毒心理，濫權害人。

　　同性戀者在各行各業都有人才，甚至天才。但據我的觀察（如沒有他人提出過，就是我的原創），在迄今為止的人類社會，同性戀者如果掌握了政治大權，即使是民選的，也很可能是凶多吉少。主要因為，在民主制度下能當上總統，靠的是大眾選票。而同性戀者，在哪個國家都是少數，因為在整體人類中就是少數（美國過去三十年的民調，基本都維持在3%），再加上占絕對多數的異性戀者，無法理解同性戀者的心理，所以會有很多反對者，甚至敵視者。於是同性戀者要想當上總統，拿到多數選票，就只能隱瞞自己的性傾向，甚至找個「婚姻」做掩護，或者是成為有婚姻的雙性戀者（那是異性戀者更無法理解、無法容忍的情形）。同性戀者當選都困難，雙性戀，那就雙倍的困難，成為「不可能的任務」。如果靠欺騙或隱瞞而當上了總統，那麼做為一國之元首、官銜之最，就成為公眾人物之最，於是最被媒體盯著。那這個同性戀總統，就不敢再去找同性戀夥伴，而要隱

「性」埋名，自我忍受，久而久之，因自我「性壓抑」，就可能壓出心理畸形，變得刻毒、陰毒、狠毒了。

這從中國歷史上就可看出。從秦始皇算起，到末代皇帝溥儀，中國有過408位皇帝。但在中國皇朝史上，很多時候，最壞的不是皇帝，而是宦官。人們看到的宦官，一個比一個陰毒，狠毒，甚至邪門。

宦官之所以刻毒，跟他們的性功能被破壞有相當的關係。正如女人對感情很敏感，男人對「性」也過於敏感，看得過於重要，而且往往在潛意識裡跟他的自尊感連在一起。在中華文化中更是把男人的性器官稱為「命根子」，沒了命根子，等於一切都完了。所以，在生理和心理的雙重壓抑下，宦官就變得比平常人更狠毒。

同性戀者當然不是宦官，普通人同性戀者在當今這個開放時代也沒有多少性壓抑。反而是當官、做名人的同性戀者才更有性壓抑，因為他們不「自由」，不僅不能像普通人同性戀者那樣自由地尋找伴侶，還得裝模作樣找「妻子」。他們在這方面的命運可遠不如封建王朝時代的同性戀皇帝們——他們可隨心所欲找男寵，而把壓抑只留給宦官們，所以宦官才經常比皇帝更狠毒。

而在當今時代，角色變了，沒有了宦官，政府首腦更不能為所欲為，於是只有壓抑。壓抑的結果就把人變「毒」了。如果馬英九是同性戀，由於他官至總統（黨主席），無論他多有「性趣」，也不敢找夥伴，因為一旦敗露，後果無法設想——很可能總統和黨主席位置都會不保。所以為了權力，他只能自我壓抑，

而且每天回家，還得面對那個冷眼相對的悍妻。更何況他的兩個女兒似也不諒解（理解），證據是：他幾次到美國，女兒都拒絕見他（或者是他沒興趣見女兒）。在正常情況下，父親跟女兒感情最深（像美國川普總統把寶貝女兒捧上天），但我們不僅沒在媒體上見過馬英九跟兩個女兒的任何互動，反而幾度在媒體上看到馬英九訪美（女兒都在美國）沒有見女兒的消息。更令人吃驚的是，馬英九竟然連自己女兒的婚禮都沒參加！國事再忙，也不至於到連女兒婚禮都不參加的程度。這更是太超過、太不正常、太令人質疑馬英九的心理健康指數了。

所以我認為，同性戀者做任何行業都可以，就是在目前社會不適合做國家領導人。權力本身就把他們變得跟普通人很不一樣，如果性壓抑（伴隨的心理壓抑）再進一步把他們「非正常化」的話，那就會造成「精神症狀」，導致影響整個社會的荒謬現象。

馬英九是不是同性戀可以公評質疑，但他的刻毒，卻是公認的。這從他對政敵陳水扁的處置上就可以清楚地看出。陳水扁剛卸任就被戴上手銬，關押了六年之久。馬英九曾公開說，槍已上膛，要讓陳水扁死得很難看；而且還具體地說，已上膛的槍，就看什麼時候扣動扳機。在民選國家領導人中，從未見過任何一個對自己的前任這麼殺氣騰騰，要置人於死地而不休。這跟馬英九的心理被壓抑致「毒」沒有關係嗎？

不僅對政敵，即使對同黨的立法院長王金平，馬英九也展示了他狠毒的一面。在74歲的王金平參加大齡女兒的婚禮途中對他

發難，實在超出常人所爲。王金平案（有興趣者可上網去查）根本不緊急，完全沒必要把他從飛機上叫回國接受審訊。雖然王金平堅持把婚禮辦完，但那是在馬英九隔海痛斥、國民黨機器磨刀霍霍要「斬王」的情況下進行的。不知有沒有把婚禮氣氛變成葬禮的（她父親政治生涯的喪禮）。眞是狠得太有段數了。無法想像，除了馬英九、金溥聰，還有誰能幹出來。

連蔣介石對使他丟了整個大陸江山的張學良，都不僅沒殺，甚至沒把他關進監牢。馬英九的狠毒，也實在太超常了。台灣多位政論家指出，馬英九已心理變態，寡人有疾。諾貝爾獎得主、前台灣中研院院長李遠哲接受媒體採訪時說，馬英九總是「很多仇恨的臉色」。他還做總統的時候，有些人曾探討應該如何從憲政體制上解決馬英九的仇恨，但那也是不得要領，因爲馬英九得的不僅是「政治病」，也是「心理疾病」。

這裡之所以長篇大論馬英九的性傾向問題，有幾個原因：第一，如果他是同性戀，那他就有利用職權包養情夫的違法之嫌；第二，如果他是同性戀，性壓抑帶來的心理疾病就會導致「非正常化」地處理國家大事，諸如陳水扁司法案。第三，這點是關鍵。台灣有馬英九這種「病人」不奇怪，而把這種因「權力和性傾向結合」而帶來的「心理非正常化」的人一再送上總統寶座，才是台灣非常奇怪、需要深刻檢討的問題。

「心理非正常化」的國家領導人，絕不可能帶領台灣走向一個正常化的國家。

輯四

翻來覆去的老人家

李登輝為什麼
大轉彎?

2004年我在香港《開放雜誌》發表過長篇文章,讚譽台灣前總統李登輝對推動台灣民主化的貢獻,其中尤其推崇他能夠交出最高權力的境界。但後來,已經卸任多年的李登輝干預台灣政壇的勁頭越來越大,時有大動作出手。尤其是在紅衫軍倒扁的時候,這個在卸任總統後推動台灣制憲、正名、建國的領導人,卻放出令海峽兩岸和海外華人全都跌破眼鏡的言論:「我從未主張過台獨」、「我不是台獨領袖」,甚至說「台獨是退步的、危險的」。這些舉動,令我不得不檢討以前對他的認識和評價。

李登輝倒沒有說謊,他的確沒用過「台獨」字眼來推動台灣民主化運動,但在民進黨首次執政後,他就提出「制憲」(揚棄國民黨在南京制定的憲法,制定一部台灣人的憲法)、「正名」(改中華民國為台灣)、「建國」。這毫無疑問完全是一條台灣獨立之路,因此台灣人民給了他巨大的榮譽,把他當「台獨教父」來歌頌讚美。國民黨和對岸的共產黨也把李登輝當作最大的台獨分子來批判。之後的一些年裡,李登輝對自己被當作「台獨教父」的推崇,和被當作「最大台獨分子」批判,都心安理得地接受了。

這後來突然180度大轉彎，強調他「從未主張過台獨，不是台獨領袖」云云，實足以讓任何精神沒有錯亂的人目瞪口呆。李登輝爲什麼會發生這麼大的變化？表面原因是他和陳水扁的個人恩怨，究其深層原因，則和他做過威權人物所形成的心理有關。

李登輝和陳水扁的矛盾，其實早在2000年總統大選時，就已埋下；因爲做爲國民黨主席的李登輝，當然是支持國民黨候選人連戰，而且認爲他一定當選。後來李登輝說，在選舉揭曉的當晚，他都沒法去國民黨競選總部講話，因爲他只準備了勝選致詞，沒有敗選感言。

由於國民黨敗選，連戰和李登輝反目，不僅逼迫李交出黨主席，還把他趕出國民黨。有人形容海外中國民運有兩種人：一種是不要共產黨的，另一種是共產黨不要的。對李登輝來說，他屬於被國民黨趕出來的，而不是主動退出國民黨的。這一點，注定了他和民進黨的關係，跟那些一直爲台獨而奮鬥的人不一樣。

從台灣出版的李登輝與蔣經國談話錄《見證歷史》可看出，蔣經國在晚年已認識到國民黨無法「反攻大陸」，不能再把台灣當跳板或臨時旅店，因而說出「我也是台灣人」，並啓用台籍精英。但這種啓用，不是要把權力交給台灣人，而是用忠於國民黨的台籍精英來「以台治台」。蔣經國所以選擇李登輝做副總統，並在去世時沒說把權力交給其他人，而是順理成章地由副總統接任，很可能就是因爲李登輝符合他的這個期待與信任。

李執政12年，逐步推動政治改革，尤其是總統直選，對台灣民主化起到了關鍵性的作用。但李也和蔣一樣，並沒有準備把權

力交給做為台灣人代表的民進黨，而是想把中國國民黨本土化，繼續由國民黨執政。

所以李執政時，確實沒有「主張台獨」，只是提出「中華民國在台灣」，兩岸是「特殊的國與國關係」。後來李登輝還否認這是「兩國論」。而所謂特殊的國與國關係，其實還是固守「兩岸一中」，堅持中華民國的正統性，只不過這個「中華民國」所轄不再是涵蓋中國大陸和外蒙的「大中國」，而只是台澎金馬。

但李登輝被國民黨趕出來之後，台灣人熱烈地擁抱了他。於是他一個大轉彎，完全脫離國民黨軌道，強烈主張「制憲正名建國」。因而李登輝一下子從中國國民黨主席，變成了台獨運動精神領袖，台灣人民給了他近乎個人崇拜的歡呼和榮譽。

在民進黨第二次贏得了總統大選後，李登輝開始不斷批評陳水扁在「制憲正名」上軟弱，不敢採取行動。但「制憲」需要國會四分之三通過，而綠營在立法院還沒過半，當然沒有可能，所以陳水扁說「做不到就是做不到」。結果引起綠營反彈，李登輝更是嚴厲批評。陳水扁在電視上又反駁並批評了李登輝。由此兩人關係更加惡化。但在這個過程中，李登輝在綠營的人氣持續升高，直到2005年底他訪問美國，其聲望達到任何台灣人都無法企及的高度。

陳水扁和民進黨也多次表示了要和李登輝修復關係的願望，但用李登輝自己的話說，他都「不買帳」。在紅衫軍「倒扁」時，李登輝的言行更明顯是希望陳水扁下台，甚至還一度讓台聯附和藍營在立法院提罷免總統案。後來還支持台聯在台北、高雄

市長選舉時推出自己的候選人，不惜瓜分民進黨的票，使藍營勝選。後來人們知道的事實是：為從國務機要費開刀，促陳水扁下台，（趁民進黨內亂）他又可能組「第三勢力」，再有左右政壇的機會，李登輝不惜違反司法規矩，在自己家裡宴請就國務機要費案來取證的檢察官陳瑞仁。

在施明德領導紅衫軍倒扁，國民黨大鬧天宮，想推翻第一個本土政權的時候，李登輝一句話都未批評指責過施明德，當時已經令人感覺相當不解。後來通過施明德的記者會，世人才得知，李登輝怎麼可能批評施明德，他不僅支持施明德，而且跟他長談七個小時，商談如何組「第三勢力」。

李登輝和民進黨及綠營切割、分道揚鑣的做法，表面上是他和陳水扁的個人恩怨，但究其深層原因，則是對權力光環的爭奪。李登輝幾十年來一直在國民黨內做官，並做過八年的威權總統。他有過虛榮的輝煌，卸任後忍受不了實在的平靜。因為威權人物被前呼後擁，任何一個想法，下面都有人立刻去執行，那個感覺大概實在太好。李登輝那麼多年已經習慣那種生活了，然後忽然沒有當年那麼可以指點江山了，感覺一定很難受。

李登輝在做國民黨主席、中華民國總統時，周圍沒人敢頂撞他，隨便說話慣了。而失去黨主席、總統這個大權威之後，他不甘寂寞，又成立了群策會、台聯、李友會、李登輝學校；這個小圈子的人仍然捧著他，寵著他，於是他在這個小圈子裡繼續做權威，這些都增加了他的盲目自信和傲慢。他之所以敢隨便亂放話，都和做大權威、小權威慣了有直接關係，習慣由「我」來指

點江山；不把民眾、民意看在眼裡。

　　正因為他不習慣寂寞，想繼續指點江山，所以他要跟陳水扁爭光環。他被權威和光環纏繞慣了，所以對別人把這些搶過去很不高興。他當年是真心支持連戰的，因為他清楚連戰當年對他是如何畢恭畢敬的，以為連戰當了總統，他還可以繼續影響、甚至左右政局。他並沒有做好真正離開政壇、離開指點江山角色的心理準備。

　　民進黨雖然尊敬李登輝，但畢竟不能和國民黨執政那樣，讓李登輝干預國家政策和權力分配等。而做慣了國民黨的大家長的李登輝，認為民進黨也應該像台聯一樣拜他，一樣聽他的指教。當民進黨不那麼拜他、不一切都聽他指教時，他就感覺對政壇的影響力不夠，於是生氣、煩躁，把一切怨氣都發洩在陳水扁身上。

　　除了習慣當權威人物指點江山以外，李登輝還表現出一種貴族式的傲慢。他雖然是台灣人，但無論是日治時代還是國民黨時代，他一輩子都是在精英階層，所以最後還是沒有擺脫日本人式的和國民黨人式的統治者的感覺和習慣。李登輝雖然說過「做台灣人的悲哀」，但他的感覺只是政治上的，是抽象的，他本人並沒有多少具體的生活體會。所以他後來可以隨口訓斥台灣人總統陳水扁「沒教養、沒品味」，仍是一派國民黨貴族的居高臨下感。

　　對於李登輝卸任後仍積極參政、關注國務，我曾經認為他是出於一種基督徒的使命感和一個曾居高位的台灣人的責任感，但

回頭來看，我的認知是有很大誤差的。對此，台灣綠營評論家金恆煒的分析更準確。他認為，李登輝之所以一直想繼續左右政壇，實際上是把「權力慾」和「使命感」混到了一起；或者說，是給「權力慾」戴上了「使命感」這個美麗的光環。說到底，儘管李登輝推動了台灣民主化，但他終究沒能夠真正放下對權力的貪戀。

在國民黨時代，李登輝使用權謀，鞏固了自己的權力；不管他出於什麼動機，其效果是推動了台灣的民主，所以歷史仍將肯定他那一段的貢獻。但李登輝卸任後，使用權謀，試圖繼續自己對台灣政壇的影響力，同樣，無論他出於什麼動機和目的，其效果是阻礙台灣的民主政治。所以無論是今天的台灣人民，還是歷史，都會否定他後來的舉動。

在獨裁時代，權謀可以成功，因為在「人治」的權力鬥爭中，政客是「跟人」。但在民主時代，權謀只有失敗這一條路，因為在法治和民主的架構中，選票使政治透明化，民意決定一切。但李登輝好像對這點還沒有反應過來。另外，民主國家還有另一個明顯的通則：無論有過什麼光環的人物，只要違背民意，人們就會立刻淘汰他。李登輝先生在生命走向顛峰的尾聲之際，卻選擇跳入谷底的政治和人格自殺，這恐怕在任何民主國家的政壇上都是罕見的。

李登輝對陳水扁
下手太毒了點吧？

在支持施明德和整個泛藍陣營聯手的紅衫軍倒扁運動之後，李登輝在綠營的聲望是跌到谷底，還是跌到深淵，可以討論或爭議，但陳水扁由於「扁李之爭」起因，落到坐牢的地步，卻是一個事實。當然，那是馬英九、國民黨對台灣人總統陳水扁的政治報復，但這個政治清算，有個關鍵點，或者說關鍵人物，從一開始幫助了國民黨和馬英九「打扁」，這個人物就是李登輝。

陳水扁案，其實並不是從他卸任總統被戴上手銬那一刻開始的，而是他還在當總統的時候，國民黨們就已磨刀霍霍，準備「讓他死得很難看」。在陳水扁還是總統的2006年，國務機要費案就開始立案偵辦了，而且是在得到了李登輝的鼎力支持之後。

但國務機要費案經過了幾番審理和周折，最後台北高等法院三審判決陳水扁無罪定讞。當時綠營普遍歡呼，認為終於還陳水扁司法公正。但事實上，這個判決一是在國民黨沒有別的選擇的情況下做出的，二是他們用其它違反司法的手段，確定了可以另案判陳水扁。

對國務機要費案，第一個，馬英九有同樣性質的首長特別費案，早就被判無罪，理由是他捐出去的錢，大於他被控貪污的數

額，也就是所謂大水庫理論。既然號稱法律面前人人平等，就是都得按同樣的條款判案。就此高院三審判陳水扁無罪，主要也是根據這個大水庫理論。

第二個原因更明顯了，因爲立法院通過法案，把所有台灣行政首長的特別費都除罪化了，也就是一刀切，全都不再追究。這是對的。因爲這是歷史遺留問題，是歷史共業。應該調整和改革的是制度，而不是用特別費做爲打擊政敵的工具。這一點我在陳水扁案被鬧得最凶的時刻一直反覆強調。

最後全台灣七千多名大大小小政務官的特別費都免罪了，都不再追究了，國民黨如果再來判陳水扁的特別費有罪，當然就完全無法自圓其說了。所以高等法院最後就國務機要費案判陳水扁無罪，是正常的、應該的，並不是他們開恩。

但如果沒有國務機要費案，後來的所謂洗錢案、土地案等等，都不會被弄得面目皆非，根本分不清是非。

那麼這個國務機要費案爲什麼會出來？我們今天看得更清楚了，是因爲有個大背景和小背景，或者說大惡和小惡，聯手造成的。

大背景，就是國民黨要打陳水扁，通過倒扁，來倒綠營，這樣國民黨就可以捲土重來，後來的事實也完全是這樣的。

當年的紅衫軍倒扁，實質就是國民黨支持（還很可能是共產黨給錢的）一場倒綠營的國民黨奪權運動。而國務機要費，是國民黨馬英九們打扁、倒扁的一個最佳藉口和手段。從後來台灣高等法院的判決來看，馬英九們當初就清清楚楚這個國務機要費是

怎麼回事，但他們為了奪權，不惜使用任何手段。所以我說國民黨馬英九們是個大邪惡。

那麼誰是小惡呢？說出來綠營的一些人可能覺得難以接受，那就是至今仍被很多台灣人迷信的李登輝。這個國務機要費案，沒有李登輝的支持和對陳水扁的落井下石，是很難立案和進行的。當初負責偵辦國務機要費案的檢察官陳瑞仁對這個案子一開始是拿不準的，因為國務機要費的使用方式，只有總統和前總統知道。在陳水扁被質疑之際，只有李登輝一個人的說法可以成為斷案根據。陳瑞仁最後還是決定辦案起訴了，這裡的關鍵環節，就是他去見了李登輝。

本來，無論按照事實，還是常識，還是從台灣的艱難外交出發，李登輝都應該說服陳瑞仁，不要辦這個案子，因為他做過總統，最瞭解台灣如何被中共打壓、外交多麼艱難；而且他當年還有幾個專案，也就是小金庫，裡面有幾十億的資金，供他隨便使用，根本不要任何收據，直接就用於機密外交等。陳水扁上台後，為了做政治正確的姿態，把小金庫全部上繳了。在這種情況下，李登輝更有責任向陳瑞仁說明台灣在秘密外交上的艱難，國務機要費是個什麼性質。

但是李登輝不僅沒有說公道話，反而對陳水扁落井下石，甚至違規請檢察官在家裡吃飯，等於直接鼓勵、支持了陳瑞仁起訴陳水扁。正是由於李登輝的背書，陳瑞仁才能理直氣壯地偵辦陳水扁，然後正式起訴，於是有了這個國務機要費案。所以說，李登輝在這個案子中，扮演了一個非常關鍵的角色。

我為什麼對李登輝用了「小惡」這個詞？因為我認為落井下石這種事，很能反映一個人內心的狠毒，很可怕，是一種惡。李登輝當了12年的國民黨主席和總統，那是個威權時代的總統，其權力大無邊。他不要說什麼國務機要費，還有奉天專案的小金庫，其實整個國家都是國民黨的，李登輝自己是否挪錢到自己腰包，挪了多少，沒有人知道。後來特偵組查到的，只是一筆，就有五千萬美元，是李登輝涉嫌用幾個隨扈的人頭，匯到了新加坡。

　　陳水扁後來在法庭上說，李登輝有75顆「未爆彈」，也就是還沒揭發出來的涉嫌弊案！但是，陳水扁把那些案子都壓下來了，沒有追查，沒有立案。這裡面有多種原因，我們這裡且不說這種做法對不對，僅是從人之常情來說，做事不可以不擇手段。如果說陳水扁有錯，涉嫌貪腐問題，由於整個案件已經被國民黨弄得面目皆非，所以我們姑且不論；他真正最大的錯是沒有竭盡全力地從制度層面改革，尤其是在司法轉型正義方面，沒有在行政權力可能的範圍內盡量往前推動，結果導致他自己成為黨國司法體制的最大犧牲品。

　　而李登輝的錯，從這個案子中所表現出來的，則是一種狠毒，一種非常可怕的東西。這是一個與思想理念、政治觀點沒什麼關係的東西，是一種人心中的非常可怕、陰暗的東西。

　　我舉個美國的例子。二十多年前老布希總統提名克萊瑞斯‧湯瑪斯為最高法院大法官，結果他多年前的一個女同事出來，說湯瑪斯十多年前曾經性騷擾她。這就是一個非常狠毒的做法。如

果湯瑪斯眞的騷擾過她，那她十多年前爲什麼不控告？十多年裡也沒說過，而且還和湯瑪斯是好朋友；但是在人家事業和命運的一個最關鍵的時刻她忽然出來指控了，這實在是非常險惡，是一種內心的狠毒；這是與政治觀點無關的狠毒，是不可容忍的。

有些讀者朋友可能注意到，我曾經就中國那個傷殘體操運動員桑蘭到美國打跨國索賠官司寫了好多篇文章，痛批桑蘭，因爲她同樣表現了這種內心的狠毒。爲了大賺一筆，居然就把曾經幫助照顧過她十個月的一對華裔夫婦告上法庭，索賠幾個億，甚至告人家父子對她這個胸部以下高位截癱的人「一級強姦」。好在美國是法治國家，最後這個荒唐的強姦案被檢方駁回：缺乏證據，不予立案。我想說的是，這種爲達到自己的目的，不惜用莫須有的罪名把別人投進監獄的狠毒是不可容忍的。

我對心地陰毒的人，絕對不像很多人那樣有忍受能力。我以前推崇過李登輝推動台灣民主化的貢獻，但是在陳水扁的這個國務機要費問題上，李登輝表現出的「毒」讓我感到他的可怕的一面。

最後，連國民黨主導的最高法院都判決陳水扁的國務機要費案無罪了。而李登輝當初給國民黨提供倒扁炮彈，最後結果是陳水扁在監獄被關押了六年之久。今天李登輝先生對此是不是應該有一點愧意和悔意呢？是不是應該有點反省之心呢？

李登輝和陳水扁的
恩怨是非

　　在扁案的初期，也就是海外匯款案出來之後，陳水扁前總統指出，李前總統也曾往海外匯款十億台幣，並把一千多萬美元的國務機要費轉到了台灣綜合研究院，就是劉泰英當院長、李登輝女兒李安妮當副院長的台綜院。另外還有上文提到的75顆未爆彈，也就是還有75個被陳水扁壓住沒有處理的帳目問題。對此，李前總統非常生氣，說陳水扁要「拖人下水一起死」。

　　但問題是，他老人家先把別人推下水了呵。而且，如果李前總統沒有問題，他可以坦坦蕩蕩，不怕任何人往下拖。

　　那麼我們到底應該怎樣看陳水扁攤出了李登輝的帳目問題這個做法？又怎樣看李登輝這個「拖人下水一起死」的說法？這裡牽扯到的，絕不僅僅是個帳目問題，而是從理念、到行為，到人品的一整套問題，很值得探討。

　　李登輝和陳水扁，這兩位台灣前總統，兩位台灣人的總統，對推動台灣的民主都做出過重要貢獻，但他倆的恩恩怨怨，發展到相互批評，以致反目為仇，實在是台灣人的一大不幸。但為什麼會出現這種局面，我們必須認真考察這場分裂的背景，來客觀地評價其中是非。

坦率地說，就這兩任總統，我對李登輝的熟悉和瞭解，遠超過對陳水扁，主要是因為李前總統授權我寫他的傳記，這樣就有了一些直接、單獨交談的機會。除此之外，我採訪了許多瞭解李先生的人，包括他的主要家庭成員。更重要的是，我翻閱了幾乎所有能找到的關於李登輝的書籍。稍微可誇口一點地說，對這個人的研究，比我更清楚的，應該不是太多。而對陳水扁，我則完全靠從外部觀察、分析，對他個人幾乎全然不瞭解。做政治評論的人，當然希望能有更多機會接觸當任的陳水扁總統，瞭解他對台灣走向的想法、計劃等。但陳水扁的民進黨高層一直把我當李登輝的人，很排斥我，這裡面包不包括陳水扁本人就不清楚了。

　　但不管怎麼說，誰把我當誰的人，都是可笑透頂的，都和我的評論毫無關係。我從來都是一個獨立的自我，按照自己的理念判斷是非，進行評論。李登輝和陳水扁之爭鬥，並沒有任何奧秘可言，只要稍微不帶偏見，就可以清楚地看出，李登輝是負主要責任的。為什麼做出這種判斷？我們來看：

　　本來在2000年總統大選結束的時候，李登輝在藍綠兩個陣營的影響力都已相當有限；這從當時的選舉結果就可以很清楚看出：他帶領國民黨借助執政的優勢條件竭盡全力幫連戰助選，結果連戰只拿到23個百分點，遠遠落後於宋楚瑜（37%），它說明藍營的多數並不買李登輝的帳，而陳水扁的勝選，說明綠營多數也不買這個國民黨主席的帳。

　　但李登輝被逼迫離開國民黨之後，突然來了個180度的大轉彎，比綠營的一般人都更台獨，因為他提出制憲、正名、建國，

這個口號毫無疑問比民進黨的黨綱還要台獨。而陳水扁呢？當上總統後馬上就宣布「四不一沒有」，被綠營基本盤認為是妥協，是沒膽量推動台獨理念，所以在深綠選民中引起相當不滿。在這種情況下，李登輝公開批評陳水扁在推動國家正常化上做得不夠，沒有堅定地推動制憲、正名。李登輝的這種立場，為他在綠營中贏得了巨大的聲譽，他由此成為台灣本土派的精神領袖、被稱為台獨教父，贏得了包括我本人在內的一大批綠營支持者的推崇。

今天我們回頭來看，李登輝對陳水扁最早的公開批評仍然是對的。陳水扁在第一屆任內，在制憲、正名等問題上的確軟弱，完全應該受到來自綠營的批評。他的軟弱當然有一些現實原因，諸如美國壓力、選票沒過半，不想和控制著幾乎全部國家機器的泛藍陣營產生更大衝突、期待能夠平穩執政等策略性的考量，再加上主導民進黨新潮流派系的理論就是「政治算計至上」，而不是「理念至上」。但無論有千百條原因，歸根到底，還是陳水扁自己的軟弱，沒有拿出理直氣壯執政的氣勢。「四不一沒有」可以完全不說，還有其它一些用行政手段就可以推動台灣往前走的事情沒做，就應該受到綠營的痛批。所以李登輝對他的批評是對的。

而陳水扁當時在電視上公開迎戰李登輝，說「制憲、正名做不到就是做不到」則是非常、非常錯誤的。難，當然大家都知道，推倒國民黨不是更難嗎？那些前仆後繼的前輩們如果用「做不到就是做不到」的態度，能有陳水扁當總統的那一天嗎？做不

到也得努力去做，否則選你做總統幹什麼？綠營老百姓累個半死把你送進總統府，圖什麼呢？將軍帶兵打仗，剛上戰場就說，這個仗我打不贏，可以嗎？絕不可以！你說，我這是說實話。但將軍的責任是在什麼希望都沒有的時候，也充滿勝利的信心，用勝利者的口吻，用勝利者的精神來指揮戰役。更何況當時綠營不僅贏了，而且氣勢沖天。可將軍剛上戰場就說會敗；心理先敗，必敗無疑。

當然，在陳水扁執政後期，他推動台灣國家正常化立場越來越明確、越堅定，也做成了不少事。而李登輝呢？就反過來了。剛從國民黨出來的時候，台獨立場非常強烈、明顯、又激烈；2006年為了反陳水扁，他來了一次180度的大轉彎，說什麼他從來就沒提過台獨，台灣已經是獨立國家了，不需要再說台獨了。這種玩弄文字的說法不簡直是耍弄大家嗎？難道制憲、正名、建國，不是台獨嗎？他跑到《壹週刊》說自己從來就不是台獨，除了讓泛藍和中共大張旗鼓地宣傳「台獨教父放棄台獨」之外，只能讓支持、推崇過他的人目瞪口呆。當人們都把你推崇為「台獨教父」捧上天的時候，你怎麼不說你不是台獨呢？說制憲、正名、建國不是台獨，不僅是蔑視所有人智商的文字遊戲，而是把大家當猴耍。

他後來更是越來越退化，他做精神領袖的台聯，甚至把黨的宗旨變成什麼「中間偏左」，什麼照顧弱勢群體了，不再提制憲、正名、建國這些曾凝聚了整個綠營的口號了。台灣的問題哪裡是什麼弱勢群體呵，而是人民有沒有「當自己的家」、「做自

己的主人」的權利的問題。李登輝當然可以變，但變了之後，要不要對當年批陳水扁不夠堅定而道歉？不能陳水扁軟的時候你對，陳水扁硬的時候還是你對？陳水扁制憲、正名邁不開步子是錯，而李登輝向全世界宣布自己不是台獨則不僅是錯，而且是荒謬。

　　李登輝這種完全超出理性、正常人的做法，立刻遭到了綠營民眾的拋棄和懲罰。當他力挺羅志明打死也要把高雄市長選到底，再出一百萬讓周玉蔻把台北市長選到底的時候，他不知道羅志明和周玉蔻根本選不上嗎，當然知道。為什麼一定要做？就是要給民進黨攪局，把民進黨選票分掉，讓民進黨候選人落選。民進黨如果輸掉北高兩市，自然全部的詛咒都會到陳水扁頭上，綠營高層可能都會逼迫陳水扁下台。也就是說，李登輝為了和陳水扁個人過不去，寧肯把整個綠營輸掉。我當時就發表過好幾篇文章，說這樣下去，台聯一定會泡沫化。結果怎麼樣？台聯一舉泡沫化了，被台灣選民拋棄，一個席位都沒有了。

　　這說明什麼呢？誰把民眾當猴耍，最後只能把「自己」當猴耍了；李登輝把台聯當做反陳水扁、反民進黨的私器，結果是把台聯當猴耍了，把他老人家自己當猴耍了。綠營的很多朋友都知道我曾熱烈地推崇過李登輝，對我後來激烈批評他表示不理解。事實上，我從來不跟人，不跟「任何人」。因為人會變。所以我只跟理念，跟「我自己」認定的理念。大家記住，那種跟人而不跟理念的，是最靠不住的一類，因為他可以為了跟人而放棄任何原則。今天誰死跟李登輝、死跟陳水扁，死跟蔡英文，或死跟任

何人，都是把「自己」當猴耍。只有跟理念，你才是對自己負責任的。如果是你的理念變了，有了新的思想認識，發自內心地改變了先前的觀點，那麼無論我是不是認同你的理念，都尊重你的選擇和人格。但忽左忽右，180度轉彎，前面也是你對，後面也是你對，那是你瘋了，理性、正常的人不會去跟「瘋」。

我們看李登輝更荒唐、更不可思議的一個舉動。在2008年320總統大選之前，民進黨提出入聯公投，向世界展示，台灣人民做為自由人，有權利就自己的國家加入聯合國問題舉行公投，表達民意。但李登輝卻是強烈反對這項公投，他們夫婦在投票時，公開拒領公投票，當記者問到這一點時，他竟然說「忘記領票了」，他們夫婦倆居然都忘記了領公投票？前總統李登輝先生又是把大家當猴耍呢！

李登輝當然有反對公投、拒領公投票的權利。但問題是，他出爾反爾到「不像成年人舉動」的地步。因為就在2004年那次總統大選前夕，他不僅強烈主張公投，還為此召開了幾次的大型研討會。例如2004年3月14日，距離大選投票只有一個星期左右，李登輝的群策會在台北圓山大飯店舉行了支持公投大會，僅僅是場內就有四千多人參加。我當時是大會邀請的主講人之一，那天演講的場面很令人難忘：因為當時群情激昂，掌聲如雷，反應非常強烈。大家都為爭取公投的權利而磨拳擦掌，非常興奮。李登輝最後壓軸講話，長篇大論闡述公投是台灣人民的權利，為公投大聲疾呼。可事隔四年，就是為了和陳水扁作對，李登輝就公開反對公投、去做國民黨一直呼籲的，拒領公投票了。他幹什麼

呢？玩我們這些在他主持的「要公投」大會上聲嘶力竭地吶喊的人？還是玩那些爲支持公投而把手掌拍出血的現場和電視觀眾？事實上，他是用拒領公投票的舉動，「再」次把自己當猴耍了。

李登輝和陳水扁較勁的第二個比較重大的問題，是反貪腐。貪腐當然該反，這個世界上沒人不反貪腐，目前全世界最反貪腐的是中國共產黨，反貪腐反的比世界上哪個黨都厲害，動不動就把貪官兒們拉出去斃了。但誰都知道，中共是全世界最大的貪腐政黨，是官全貪，殺一半，另一半照貪。制度性腐敗只有從制度上徹底改革這一條路可走，否則只能是鬧劇一場。國民黨的反貪腐就是如此；跟中共相比，小巫見大巫而已。所以紅衫軍倒扁是再明顯不過的借反貪腐進行政治清算。

在那場激烈的藍綠政治鬥爭中，李登輝完全失去成人的理智，更別提政治人物的智慧了。面對紅衫軍要用街頭群眾運動推翻民選總統的暴民做法，不出來捍衛台灣的民主和法治，這無論在道義上和政治策略上都已經是非常錯誤的；而在綠營那麼危機的情況下，不斷出面批評攻擊陳水扁，不顧綠營和整個台灣利益這個大局，簡直是除了個人恩怨，台灣天塌下來也不在乎，甚至對他個人的歷史定位可能一落千丈也毫不在乎，那就是不可原諒的缺德、無法挽回的愚蠢。歷史已經證明了這點。李登輝的信譽、聲勢、在台灣民眾心裡的威望一落千丈，十多年過去，再也沒起來；他一手扶植的台聯也是泡沫化之後就蒸發了。

事實上，所有台灣人都可以指控陳水扁貪腐，而恰恰最沒有資格指控的是李登輝。《紐約時報》說國民黨是全世界最有錢的

政黨，它的貪腐和黑金政治路人皆知，你說那個黨政軍大權一把抓12年的黨主席是清廉的、絕對沒有貪腐的，眞可謂打死也沒人相信。如果說李登輝是清廉的，做一個難聽的比喻，就好像說一個開了十多年妓院的老闆是潔身自好、絕對道德的一樣荒唐。

陳水扁當然知道李登輝的問題。在第一屆任內，他就掌握到李登輝時代的國務機要費「當陽、奉天」兩個小金庫中涉嫌貪腐的項目。比如上面所說的，李登輝把國務機要費的一千多萬美元轉到了台綜院。院長是已蹲監獄的原國民黨黨產大管家、李登輝的心腹劉泰英，副院長是李登輝的女兒李安妮。另外起碼還有75個涉嫌不法的帳目，但全被陳水扁壓下來，沒有調查法辦。

陳水扁當時爲什麼不查辦李登輝？一是因爲李登輝當時離開國民黨，倒向了綠營，從政治角度考量，陳水扁不能查辦李登輝；另外由於當時李登輝在綠營中有很高聲望，如果查辦，綠營很可能有反彈，辦不下去。所以，陳水扁從整體大局考慮，放了李登輝一馬。李登輝也是算計到了這一點，認爲陳水扁不敢動他，綠營不會答應陳水扁那麼做，所以他可以不在乎地罵陳水扁。

但如果說李登輝在做國民黨黨主席和總統的時候眞的有貪污，那麼他跳槽到綠營，不怕國民黨清算他嗎？他不怕，因爲當時國民黨已經是在野黨，沒有了公權力。那後來國民黨又掌權了，他該怕了吧？也不會。因爲以李登輝的算計，他很清楚，馬英九不敢查他、辦他，因爲查他、處理他，就等於是查國民黨、處理國民黨。國民黨前主席的問題，會連累整個國民黨，等於把

國民黨的制度性貪腐的問題，再次提到桌面上。

　　這情形很像中國的鄧小平，他被毛澤東打倒過三次，兒子在文革中跳樓，摔斷了雙腿，他是恨死了毛澤東的。但他掌權後，卻不清算毛澤東。爲什麼呢？因爲鄧小平很清楚，如果清算毛澤東，就等於清算了共產黨本身。而如果共產黨倒了，鄧小平等所有共產黨人賴以生存的權力基礎就垮了。所以不管他個人對毛澤東多麼不滿甚至痛恨，但爲了共產黨的大局，他們不會批毛，更不會反毛。蘇聯的情況也是這樣，當年赫魯雪夫反史達林，開始還很得黨內的人心，因爲太多的黨內高幹受到過史達林的迫害。但很快就刹車了，赫魯雪夫也被趕下台，因爲他們發現，繼續批史達林，人們就會看到整個共產黨的問題，是共產黨的專制和腐敗，才會出現史達林。

　　馬英九執政的年代，即使李登輝時不時地、不疼不癢地批評幾句馬英九，國民黨也不會查辦他，就因爲有這層連帶關係。如果李登輝有貪腐，那就是整個國民黨貪腐的一部分，他們一損俱損，一榮俱榮。

　　當年陳水扁放了李登輝一馬，可李登輝卻絕不饒陳水扁。本來，在國務機要費問題上，最有資格給陳水扁說句公道話的是李登輝，因爲他是前總統，只有他最清楚國務機要費是歷史遺留的、有嚴重缺陷的制度，有太多灰色地帶。他當總統的時候，當陽、奉天等所謂專案的小金庫有三十五億元的鉅款，怎麼使用，連發票都不需要。但李登輝不僅沒有從制度缺陷的角度，給檢察官一個客觀的解釋，反而主動提供嚴重不利陳水扁的證詞。

對於陳水扁指出李登輝還有75顆沒有引爆的炸彈，李登輝的回答是，不要拖人下水一起死。這句話很有意思，什麼叫「拖人下水一起死」？舉個例子吧，你和我都是殺人犯，如果你被抓住了，該死就死掉吧；我能逃，就應該讓我逃掉，你不要拉墊背的。李登輝這話，別說追求什麼司法公正，連司法面前人人平等的概念都一點沒有。

當年陳水扁放過李登輝一馬，我認為是對的，因為那的確是個嚴重的制度缺陷。世界上沒有道德完美的聖人，西方民主制度不靠道德聖人，而靠制度制約貪腐。陳水扁的錯誤，是沒有大刀闊斧地改革那個促使所有官員腐敗的制度。

所以台灣的問題，首先必須從制度層面解決，在制度問題沒有解決的情況下，嚴重處理栽倒在惡制度陷阱裡面的人，是不夠公平的。

在馬英九的特別費案出來後，綠營一片歡呼，以為總算找到打擊馬英九的炮彈了，但我馬上在《自由時報》發表專欄，認為以特別費處理馬英九同樣不公平。我認為陳水扁國務機要費案和馬英九特支費案性質同樣，都應該撤銷，應該趕緊去解決制度問題。

結果呢？卻是前國民黨主席馬英九無罪，前國民黨主席李登輝沒人查辦，卻抓住前民進黨主席陳水扁往死裡打。這合理嗎？

回到李登輝「拖人下水一起死」這句話。如果沒有問題，誰拖也掉不到水裡去，不用擔心陳水扁往下拖。如果有問題，李登輝應不應該和陳水扁一起死呢？我認為不應該。既然國、民兩黨

都從自身利益考慮，饒了老人家一馬，饒了就繞了吧。李登輝對台灣的民主的確是有貢獻的，無論從主觀還是客觀上，都是有無法否定的貢獻的。

　　但是，如果大家都殺人了，你們都被饒了，都不死，就讓陳水扁一個人去死，去下地獄，這更不能同意。別人希望陳水扁下地獄可以，全台灣人都希望陳水扁下地獄也可以，恰恰李登輝應該是個例外。但如果李先生不僅期待看陳水扁去死的好戲，還要把他往地獄門口更推近一步的話，就真的沒有一點良心不安嗎？李先生是信上帝的，我就不想多說了。

　　根據2008年9月12日長青論壇〈李登輝和陳水扁的恩怨是非〉整理修正。

李登輝「美麗錯誤」
的後果

　　2000年總統大選，由於李登輝沒有重用宋楚瑜這個「美麗錯誤」，導致國民黨分裂，準備還不那麼成熟的民進黨，在只拿到近四成選票下獲得執政權。對國民黨來說，他們更是完全沒有心理準備，根本無法接受；他們認為這種政黨輪替簡直是台灣本地人「竊國」！於是他們首先把怨氣發在李登輝身上，圍攻他的住宅、逼迫他離開國民黨，儘管李登輝是一心一意支持連戰的。經過四年集結，曾相互對罵的連宋在「仍計前嫌」的情形下聯手，要再造黨國，以為雙方加起來起碼有近六成選票，結果又是完全沒想到「連戰連敗」。可想而知，他們怎能嚥下這口氣？於是本土政權的代表陳水扁，自然就成了國民黨發洩憤怒、甚至仇恨的目標。

　　先是以大選前夜發生槍擊案是綠營「自編自演」的荒謬理由，大鬧天宮，再次拒不接受選舉結果。但兩、三年下來，國民黨組織的「真相調查委員會」的各種努力都無法證明「自編自演」的指控。這條把陳水扁扯下台的路走不通了，又想在立法院罷免總統，但無法拿到規定的三分之二票；法律上又走不通了，就發動「倒扁」，想用街頭運動推翻民選總統。但這不僅沒有獲

得多數民眾的認同，反而刺激了綠營的凝聚力。紅衫軍以一敗塗地收場，又是一股嚥不下去的氣。然後，在馬英九「特別費」直接匯私人帳號而判無罪的情況下，要用特別費定罪陳水扁，更凸顯「雙重標準」，最後只能判無罪。

馬英九們不甘心，最後又拿出一個「陳家海外匯款案」，由此做為突破口，最後把陳水扁關進監獄，判了無期徒刑。當然，如果陳水扁家族貪污，當然應該審判，無論前朝國民黨官員貪腐多嚴重。但問題是，扁案從一開始審理就違反程序正義，一個典型的政治清算案。因為如果檢方理直氣壯、一切證據確鑿，他們完全沒有必要通過媒體定罪、硬換法官、長期羈押、押人取證、篡改審訊筆錄，找通緝犯做偽證等一系列違規、違法行為。

首先，這個案子的「問世方式」就很不尋常：它不是由檢方根據已掌握的證據，認定陳水扁涉嫌違法，用正式起訴他而公開宣布此案，而是由國民黨的立委出面開記者會「爆料」。然後通過媒體不斷渲染，煽動情緒，形成輿論定罪。隨後檢方的一系列嚴重違反司法程序正義的惡劣行為，只能讓人們更相信：在陳水扁案件中沒有司法公正可言！貪腐是他們借刀殺人的武器。

第二，扁案的起訴書展示，國民黨的特偵組事先就想給扁定罪的意圖顯露無遺，因為裡面居然有與陳述事實完全無關的形容詞句：貪得無厭、品行甚差、大肆干政、貪婪成性、濫用權勢、敗壞官箴等等。這哪是法律語言？如此非專業實令人目瞪口呆。能把泛藍媒體上名嘴的仇恨、煽情語言坦然寫進起訴書，以這種心態辦案，此案還有任何公正可言？

更荒唐的是，在指控扁家貪污的幾個關鍵處，金額上都是空格。例如「佣金應在新台幣Ｘ億元」，「約新台幣Ｘ億元賄款之流程如下」等。在真正的司法制度下，這個起訴書應是無效的，因連「賄款」多少都沒有，你起訴什麼？這說明，包括檢察總長在內的特偵組成員，對起訴書全文都沒有仔細看一遍就急於公布。面對如此國際關注的大案，特偵組之草率、不專業、急迫的心態，一目了然。而這種「金額空格」更啟示人們，起訴書在偵結前就已寫好，給扁的罪也都定好，只等金額數了，否則不可想像這種嚴重疏漏。在遭廣泛質疑下，幾小時之後，新版本才添上了金額。幾個小時之內就能查出陳水扁貪腐多少金額嗎？從常識常理上說，絕不可能，所以這個臨時添進去的金額，很可能是特偵組隨心所欲的結果。

第三，扁案結案時，檢方最後的「論告」像是故意和「起訴書」首尾呼應，兩名檢察官的激情演出，司法不專業到馬戲團演出的程度，實在不是令人吃驚，而是令人震驚。

檢察官林怡君在法庭大談良心，大批貪婪，完全是用司法專業之外的語言來辯案。誰都知道，「良心」、「貪婪」等，根本不是法律用語。一個檢察官，居然都不懂得「用證據說話」。至於引宋太宗的話批扁，更是荒唐。且不說宋太宗是中國最下作、殘忍的皇帝之一，一個當代民主台灣的檢察官，怎麼可以引用中國獨裁者、殘暴君王的話做為法理依據？如果必須引用，為什麼不引用現代有民主法治思想的法學專家的話？一個滿腦袋中國專制皇帝語錄的人，怎麼可能是稱職的民主台灣的檢察官？

另位主任檢察官林勤綱的「論告」更像是演戲，居然「全程邊哭邊說了一個多小時」、「頻頻哽咽拭淚」。還「主任」呢！連最普通的檢察官也應知道最基本的規矩：法庭論辯，應是最嚴肅、最理性、最體現司法專業的時刻。檢察官怎麼可以痛哭流涕？人們在其他哪個民主法治國家，看過檢察官當庭哭個不停？這哪是辦案，這不是演話劇嗎？

　　林勤綱竟宣稱，他是在「心靈對話」。他以為這是「靈修」場合，佈道會？簡直是無規無矩到了無邊的地步。而且林勤綱像林怡君一樣，也是張口不離中國皇帝，他扯得更遠，居然提什麼「王莽」。早些時審扁案法官蔡守訓也曾引用中國宋朝的例律來判案。這些法官、檢察官，言必提中國皇朝，牢記獨裁暴君的聖旨，無怪乎馬政府的法務部，簡直成了中國皇帝的「刑部」。

　　這些能做到北檢的檢察官，是真的不懂基本司法常識到了荒腔走板的程度，還是為了打扁而急於表現，寧可不顧基本專業操守？可能兩者都是，因為只要凶狠打扁，不僅能獲得泛藍陣營的青睞，成為媒體「名人」（《中國時報》當時就說檢察官「一炮而紅」），更可在馬政府的「刑部」運氣亨通。

　　整個扁案，從起訴書，到檢察官的結案發言，整個是一部用法律形式剷除政治對手的復仇劇。

　　李登輝的「美麗錯誤」，創造了第一個台灣人的本土政權，進行了第一次的民主轉型。國民黨的報復心態、民進黨的不成熟和完善，陳水扁的自身弱點等等，導致了第一個台灣本土政權的重大挫敗。但這並不奇怪，也並不可怕，沒有哪個民主嬰兒可以

一步到位成為民主巨人，尤其是在極度缺乏自由民主價值的中華文化下。但只要邁出了第一步，就會越走越快，越走越像樣。

陳水扁「罪」在哪裡？

　　陳水扁案被三審定讞後，當事人被遷往監獄服刑，關押了六年多之後才因病保外就醫。縱觀扁案，起碼在四個方面值得重申和重視：

第一，違反程序正義、政治干預司法

　　扁案先被輿論審判，後押人取供、長期羈押等，都讓人想到中國文革時毛澤東打倒政敵的方式，完全是意識形態壓倒司法。而臨時撤換（憑抽籤拿到審理權的）法官，讓判馬英九無罪的人來審理、判決馬英九的政敵，這是政治干預司法的明顯標誌，從而使扁案毫無公正公平可言。在三審定讞前夕，馬英九總統宴請司法界高層主要人物，對扁案下指導棋，說什麼「國民的期待」。最基本的司法常識是按事實審理，不可想像一個哈佛畢業、做過法務部長的當任總統，居然要求司法界按所謂人群的「期待」判案。一個民主國家的總統，如此明火執仗地用行政權力干預司法，實令人瞠目。

第二，沒有在法律面前人人平等

陳水扁最早是因總統特別費案被起訴，隨後立刻被戴上手銬。但馬英九也因首長特別費案被起訴，司法機關為什麼沒有按照同等原則，給馬英九戴上手銬？這本身就是司法雙重標準！陳水扁被起訴後立刻被羈押，在三審定讞前，已經被羈押兩年多，理由是擔心他「逃跑」。但馬英九特別費案被起訴後，卻一天也沒有被羈押。檢方為什麼不擔心馬會「逃跑」？而且馬英九還有美國綠卡，他妻子也不殘障，更有「逃跑」條件。這兩種對待，明擺著完全違背法律面前人人平等的原則。

第三，利用制度漏洞打擊政敵

無論是特別費案，還是政治獻金等，都是國民黨獨裁統治時代留下的後遺症，是嚴重的制度弊端，應從制度層面進行改革，而不應用它作手段打擊政敵。在馬英九特別費案遭起訴時，我曾撰文，馬英九不應因此被定罪，因這是制度漏洞的政治問題，不宜司法審理。任何政黨拿司法做工具，損害的都是民主制度。扁案的主要癥結，是如何看待政治獻金問題。如認定陳接受政治獻金是「受賄」，那為什麼送錢的人不算「行賄」？實情是，如法律追究「送錢者」，勢必牽扯出：他們也給國民黨總統候選人「送了錢」，而且金額可能更高。送錢者不是行賄，拿錢者卻是受賄，如此缺乏邏輯的判案，哪有最起碼的司法公正？

第四，政權濫用司法遠比貪腐可怕

就陳水扁案，我寫過十多篇評論，包括2010年去土城看守所探望陳前總統之後在監獄門口發表的演講，都反覆強調一個觀點：即使、假設陳水扁有貪腐，它造成的損害，只是毀掉個人；而馬政府和國民黨利用司法做打擊政敵的工具，踐踏司法而造成的損害，毀掉的是台灣的司法機制，破壞的是整個國家的民主制度！

中國傳統文化向來推崇「先聖後王」，過於強調人的道德性，什麼聖人、完人等。而西方則是追求製度的完善，相信制度的保障，而不是依賴什麼聖人。相信「聖人」是製造和保護腐敗的最大溫床。國民黨檢方在扁案中一系列的公然濫權，遠遠比任何個人的貪污行為都對台灣民主具有更強烈、更久遠的破壞力。而這種政府利用司法進行政治報復所造成的危害，是千百個貪污犯都完全無法比擬的！其性質和份量的輕重，是不可同日而語的！

在馬英九國民黨主導下的扁案的性質，我想再一次用原中共外交官陳有為在新加坡《聯合早報》上的文章提醒大家記住：

> 陳水扁的罪行不僅是經濟的，而且是政治的。八年來，他強力推行『一邊一國』的台獨政策，在政治、經濟、社會與文化領域中大搞『去中國化』，進行『入聯』活動，推行金錢外交妄圖擴展國際空間。他是台灣有史以

來給人民帶來最大損失、最大災難與最大痛苦的領導人。

大家清楚了吧：台獨是罪！一邊一國是罪！台灣入聯是罪！
這是一語道破國共兩黨聯手重判陳水扁的經典宣言。

林義雄支持
施明德小丑跳樑

　　施明德說要選總統，居然被名嘴們說是「震撼彈」，說明他們自己是笨蛋！無明無德的施明德是個完全過氣的政客，毫無任何票房價值。他對藍綠哪一方都不構成「震撼衝擊」。如同打開瓶蓋放了幾十天的啤酒，完全跑了氣兒，你說能「醉人」，只能說明你弱智，連常識都不知道。

　　施明德出來選總統，是小丑跳樑。如同輸光的賭徒，脫光了跳到老虎機上，以吸引大家的眼球。對這樣的小丑，林義雄居然表示支持，說他那一票會投給施明德。以道德形象在綠營頗有一席地位的林義雄，去給人們心目中最缺德之一的施明德站台，是不是太黑色幽默了一點？

　　對醜陋的施明德，不想再多寫什麼，誰有興趣去翻街頭的垃圾桶（又是在大夏天味道薰天的時候）。找出以前寫的兩篇短文（附後），請大家復習一下，看施明德是個什麼德性。如果垃圾都有票房，那台灣就真的向谷底墮落了！

原載《台灣 e 新聞》2015 年 5 月 23 日

施明德
千萬別「自焚」

在專制的中國，一切都被獨裁者壟斷，即使想做政治小丑，也沒有表演的機會。但在民主的台灣，因為有言論自由等，那些不擇手段想出「風頭」的傢伙，就有了舞台。他們是「有婚禮，要當新娘，有葬禮，要當屍體」，只要能引人注目或上了媒體，就算大功告成了。最近施明德的所謂「百萬人倒扁」，就令人不期然想到這種現象。

因為明擺著的，所謂「百萬人倒扁」，宋馬們早就玩過了，但在立法院根本沒有通過。在專制的中國，動不動用「群眾運動」進行政治鬥爭，今天批垮這個，明天打倒那個。但在民主的台灣，總統是人民投票選出來的，任何在野黨和政治勢力，什麼「前主席」或政客，想用大哄大嗡的群眾運動把民選總統趕下台，則是直接挑戰台灣人民的選擇權，更是踐踏民主法治的原則。

例如在美國，在野的民主黨對布希政府的伊戰政策非常不滿，如果他們出面「倒布」，可能會得到百萬甚至更多連署，畢竟民主黨在大選中獲得半億多選票。但無論民主黨還是什麼失意政客，都沒有出來「倒布」，就因為這不僅不符憲政原則，實際上也無法操作（近半數的人可以投民主黨，但卻絕不會有很多人

參與群眾倒閣），人家羞於做政治馬戲團的「小丑」。

　　而施明德的「倒扁」，就有明顯的政治馬戲味道。他要求參加者每人交百元，不僅有「斂財」之嫌，而且那篇「倒扁信」更令人要嘔吐：那種自我炫耀、吹噓（我是「江洋大盜」，我是「重要演員」，我是首任「總召」）和連篇的空話大話，只能讓人感嘆「過氣人物」的自卑。

　　但有人說施明德曾是「勇士」，倒也有幾分真，因為他竟敢把這種水準的文字拿出來，可謂「文」膽包天。

　　而《中國時報》則更「勇敢」，竟全然不顧媒體的臉面，把這種爛文字發在頭版、頭條，足夠做新聞課的反面教材，告訴未來的記者們，這張報紙為了意識形態是如何踐踏新聞常識的。

　　其實施明德「倒扁」是虛，出風頭是實。這位早已被台灣人淘汰了的政客，真是「寂寞開無主，已是黃昏獨自愁」，去競選高雄市長，只得到實在可憐的幾千張票（謝長廷獲38萬票），連從沒蹲過監獄的張博雅還拿到1萬3；去選立委，得票率不到5%，更是悲慘。政客落魄到這種地步還跳出來，就只有馬戲娛樂觀眾的份了。

　　《聯合報》說，施明德可能用激烈手段「倒扁」，不排除在總統府前用汽油桶自焚。施主席是個革命者，而且自稱要放棄「溫情」。可是這種「激情」實在不值得，因為他在台灣人心裡的形象，早已成灰了，再焚一次，豈不是白「焚」呵！

原載《自由時報》2006 年 8 月 14 日「曹長青專欄」

施明德到這地步，
要殉道就讓他去吧

　　常言道「人要臉，樹要皮」，無論東方西方，哪個文化薰陶過來的人都是重視做人的尊嚴的。人活一輩子，誰都希望得到別人的尊重、尊敬，但這個前提是，你得拿自己當人，你得要自己的臉面。如果一個人硬是要用自己的手撕自己的臉皮，露出猙獰的醜陋，那就別怪被人厭惡，被人像看小丑一樣蔑視了。今天的施明德，就是這樣一個罕見的狠命地撕自己臉皮的小丑。

　　人有不同的政治觀點，親藍親綠各有理由，不藍不綠也無可指責，但最令人不齒，被三教九流都蔑視的，是「掛羊頭，賣狗肉」。施明德發動的倒扁運動，明明是以親中的國民黨為首的泛藍勢力一手操縱、全力支持、全方位參與的，但施明德卻口口聲聲為綠營的選舉，哭哭啼啼為台灣的前途。明明那一片紅海洋認為他們是中國人，可施明德卻跪地感謝台灣人。你真得佩服這無恥的膽量、這撕裂自己靈魂的承受力。不對，他不需要承受力，因為沒有靈魂。

　　人家連戰、宋楚瑜、馬英九，親中就是親中、親紅就是親紅，左臉和右臉起碼能配上對兒。可這施明德，套一身大紅，說他沒有顏色，指揮一群藍軍，說要保護綠色台灣。《聯合報》、

《中國時報》每天一唱一和給他做啦啦隊，更有裡外透紅的中天、TVBS按著鐘點給他鳴鑼開道，可施明德說他是超越藍綠。當倒扁副指揮官之一，面對紅色海洋說漏嘴，提到「台灣國的人民」，立刻遭起鬨抗議，施明德要道歉三次。當台聯成員要求施明德呼籲以台灣的名字加入聯合國，不僅遭施明德惡狠狠地斥責，更被趕出現場，可施明德卻洋洋灑灑宏文四篇，說要「珍惜最後一次包容藍綠的機會」。當紅衣人高喊「中國國民黨萬歲」時，施明德則和「紅色海洋」一起歡笑。這施明德到底是被國民黨的25年監獄關弱智了呢，還是確信不當小丑就沒有觀眾？

這場鬧劇的最荒謬之處是，那號稱百萬的大軍清清楚楚自己是在舉著紅旗挺進中國，而那赤身裸體的指揮官，卻暈暈乎乎，無頭蒼蠅般被紅旗趕得亂碰亂撞。這實在讓人納悶，如果是一個頭腦稍微健全的人，怎麼可能被人玩到如此地步？無解。

正巧在報上讀到施明德剛剛做完一個重病的手術，才明白原來他剛發病不久，還正處於那種不接受病情的狀態，所以他這一系列非理智行為，從病人的角度，則都是可以理解的了。只是他的失常之舉被放大到如此倍數，也實在太可憐了。但人到這地步，要為紅色殉道，就讓他去吧！

原載《自由時報》2006 年 9 月 18 日「曹長青專欄」

輯五

堅守底線的台灣人

台灣需要
彭明敏的高度

　　彭明敏先生是台灣獨立運動中的指標性人物，不要說跟前面那些大中國心態的文人政客完全不同類，而且也跟前面評論過的前總統李登輝相當不同。他代表的是體制外、正面對抗獨裁政權的道德勇氣、智慧、成就和犧牲。彭先生的道路，不僅對台灣知識分子、年輕一代，對今天中國那些反抗中共專制政權的人們，同樣有啓迪和榜樣的力量。這主要體現爲如下四個方面：

第一，非凡的勇氣

　　早在1964年，在國民黨暴力統治的白色恐怖時代，做爲當時台灣大學政治系主任（最年輕的系主任和正教授）、台灣十大傑出青年之一、中華民國駐聯合國代表團顧問、被視爲冉冉上升的政治新星的彭明敏教授，就敢於和他的兩名學生謝聰敏、魏廷朝發表《台灣人民自救宣言》，公開喊出拒絕共產黨，推翻國民黨，「蔣介石是暴政！」台灣人民要自救，爲爭取自由「不惜流盡最後一滴血」！

　　在那麼嚴酷的時代，他們不顧個人利益，不顧生命安危（隨後被逮捕判刑），發出如此振聾發聵的聲音，被後來研究者譽爲

如同普羅米修斯偷火種給人間,《台灣人民自救宣言》是在國民黨的黑暗統治中,劃出一道思想的火光。這種道德勇氣,鼓舞了無數人,甚至包括五十年後的太陽花運動中的年輕學子們。

第二,超越的智慧

《台灣人民自救宣言》是最早、最有系統、最明確的「維護台灣主體性」的理論基石。至今五十多年,不僅沒有過時,而且對台灣的前途仍具前瞻性的指導意義。

《自救宣言》首次正式提出,台海兩岸關係是「一中一台」,明確說,「『一個中國,一個台灣』早已是鐵一般的事實!」這個說法比李登輝做總統時提出的「兩岸是特殊國與國關係」(兩國論)早了35年!

李登輝提出的「兩國論」,前面加上了「特殊」二字,主要指兩岸還是一個中國,只不過這個特殊階段是兩國(各自宣稱代表中國)。所以李登輝的兩國論,實際上仍框在「中國」架構裡。而彭明敏在半個世紀前提出的「一中一台」說,就已經清晰、明確地擺脫「一中」或「二中」的架構,它是近四十年後陳水扁總統喊出的「台灣中國,一邊一國」的最早源頭。

不僅指出一中一台,《自救宣言》更明確了台灣人民的奮鬥方向:拒絕共產黨,推翻國民黨,台灣人走第三條道路:自救的道路。其目標是:制定新憲法,建立新國家,加入聯合國。這十五個字,至今代表著台灣的前途方向。

這樣一份《自救宣言》,其性質和對台灣的意義如同美國的

《獨立宣言》，所以彭明敏先生被譽爲「台獨理論教父」。在2014年「《台灣人民自救宣言》發表50週年台北紀念會」上有學者認爲，未來「台灣國父」應是彭明敏先生。相比之下，在今天如此和平的年代，又是綠營完全執政的情形，那些縮頭縮腦、一步也不敢推動台灣成爲正常化獨立國家的民進黨高層，難道不是侏儒嗎？

第三，自由主義的價值

彭明敏等發表的宣言，目標是在台灣「使人類的尊嚴和個人的自由具有實質意義」。如此宣言，既不是從民族主義、國族主義出發，更不是從強調本地人DNA不同的血緣地域角度，而是從台灣人民做爲人類成員，要獲得「個人尊嚴和自由」的高度。這是建立在普世價值的高度，建立在恢復人的尊嚴、保障個體自由等價值層面上。這個視角和高度，是眞正的古典自由主義，是跟傑佛遜起草的美國《獨立宣言》在同一個價值系統之中，兩者具有精神上的一致性。這種自由主義理念和價值，將是引導台灣成爲一個正常化獨立國家的理論旗幟。

第四，知識分子的獨立性

1996年台灣首次總統直選時，彭明敏先生做爲民進黨總統候選人參選。其它人生歲月，他都是以獨立知識分子的姿態，關心台灣時政，傳播自由主義的思想理念；秉持獨立知識分子的道德良知，堅持維護台灣的主體性。

他當年逃離國民黨的魔爪之後，在美國先後擔任台獨聯盟主席、台灣人公共事務會（FAPA）總會長；回台代表民進黨參選總統失敗後，又創辦「建國會」、「新國家連線」，以及「文教基金會」和鯨魚網站等，致力傳播台獨理念。而且彭明敏先生是國際法專家，發表有十本（其中兩本與人合作）論述台灣獨立之法理性的專著和傳記等。

　　爲了台灣的獨立建國，以及知識分子的獨立性，《自救宣言》的參與者們付出了自由、個人事業、甚至家庭的各種代價。尤其是彭明敏，他當年是蔣經國器重的青年才俊，並得到蔣介石的接見。可以想像，如果不寫《自救宣言》，接受兩蔣的「器重」，他很有可能取代李登輝，登上國民黨高層，進而做總統。

　　但彭明敏跟李登輝走了不同的道路。他沒有去跟蔣經國唯唯諾諾，沒有維護蔣家專制，沒有走察言觀色、溜鬚拍馬的仕途之路，而是選擇一條眞正知識分子的獨立思考和完全體制外抗衡專制政權之路。

　　李登輝曾說，他跟隨蔣經國多年，近身學習模仿，等於上了「蔣經國學校」。但這種「學習」，相當程度地污染了李登輝。因爲國民黨的官場文化就是勾心鬥角、爭權奪利、陰謀狡詐的文化，裡面充斥《三國演義》式的權謀。後來台灣政黨輪替，陳水扁執政後，李登輝之所以跟陳水扁明爭暗鬥，甚至在紅衫軍大鬧天宮、要用街頭運動推翻民選總統之際暗中支持施明德等，都主要「歸功」於蔣經國學校的薰陶。能當上國民黨主席的人，還是靠黨國權謀思維，所以後來與民主化的公開透明發生衝突。李登

輝對台灣的民主進程功不可沒，但是，沒有以彭明敏為代表的、體制外的、無數人付出巨大努力和犧牲的正面反抗，今天的民主台灣不可想像。

在國民黨黨國文化的薰陶、洗腦下，台灣各界都有太多的機會主義者，破碎的人格遍地皆是。但現已九十多歲高齡的彭明敏先生，一路走來都保持了獨立知識分子的尊嚴和風骨。無論遭到多少挫折、付出多少代價，他都堅持著台灣人有選擇權利的台獨理念，堅持著《自救宣言》提出的「使人類的尊嚴和個人的自由具有實質意義」的理想精神。半個世紀的人格統一性，是值得人們仰望的道德高度。

郭倍宏會把民視
帶向何方？

　　全世界既相容又衝突的眾多種族中，猶太人跟華人大概有最多的相似之處（也可能是最少衝突的）。比如說，兩者都有悠久的歷史文化，兩者都勤勞創業，兩者都很會做生意，尤其是，兩者都非常重視子女教育，所以，兩者在物質世界的發展都很成功，可以主導世界的經濟貿易。在電腦科技迅猛發展的今天，像Google、Yahoo、Facebook等大紅大紫的網絡巨星，都是猶太裔和華裔的年輕人創辦的。

　　但猶太人和華人有一個巨大的不同，可以說是根本的不同，那就是：猶太人極為重視「上層建築」，也就是說，絕不僅僅是在商業上成功，更要在思想領域主導世界。一個猶太人耶穌，把整個西方基督化了兩千年；一個成功的猶太資本家恩格斯，資助了一個猶太文人馬克思，把半個世界共產了一百年。無論是福、是禍，他們的確引導了世界的大腦。今天，只占全球人口約0.2%（2014年統計）的猶太人，仍主導著世界的媒體（獨裁國家除外），甚至有說法是主導96%的世界媒體。無論這個數字是否準確、有否誇張，在媒體界，要角們很多是猶太人是個不爭的事實。像影響了美國一個多世紀的最主要兩家大報《紐約時報》

和《華盛頓郵報》都是猶太人創辦的。

　　而占了世界人口五分之一的華人，就幾乎跟世界思想領域沒關係。在亞洲已經暴富了的今天，華裔（尤其是中國人）的億萬富翁已經數不清了，他們搶占物質世界（市場）的幾乎每一個領域。但在思想上有抱負、基於一種政治理念、欲在媒體界影響華人思想走向（更別提影響世界了）的企業家卻極為罕見。換句話說，華人的財富跟他們在媒體界、思想領域的影響力，跟猶太人壓根沒有可比之處。

　　在如此現狀下，在只有兩千多萬人口的台灣，卻出現了兩個異數：一個是成功的企業家林榮三，在國民黨政權統治時代的台灣，基於「台灣優先，自由第一」的理念，創辦了《自由時報》。這份報紙過去三十多年來的努力，旨在跟國民黨藍營絕對主導的媒體抗衡，抵消黨國思維對台灣人民的洗腦，目標是建立一個自由、民主、屬於台灣人民的國家。過去多年一直維持發行量第一的《自由時報》，對台灣綠營今天能夠全面執政所立下的汗馬功勞是無可估量的。

　　另一個異數則是《民視》的創辦。這個只有20年歷史的台灣第四家無線電視台，不是某一個企業家創辦的，而是由跟《自由時報》創辦人具有同樣理念的兩萬多人聯合發起、民間集資而建立的。由曾任台獨聯盟創盟主席（美國）的蔡同榮擔任董事長，曾任民進黨主席的張俊宏任副董事長，可見其「綠」有多深。蔡同榮接受採訪時曾明確指出，民視「不是一個純粹的商業電視台，它是一個具有理想性的電視台」。

但由於蔡同榮不懂媒體，也沒有管理過公司，尤其是他本人對從政的興趣高於經營媒體，所以他從《華視》（由國民黨國防部總政戰部主任王昇提議創建的、深藍的《中華電視》）請來了時任《華視》主任秘書的陳剛信擔任執行常務董事，隨後做了《民視》總經理，而且一做17年。

　　能在國民黨主導的深藍的《華視》做到高位的陳剛信，到《民視》後雖然藉著製作電視劇等為《民視》提高收視率，也為《民視》轉虧為盈立下功勞，但他主導下的新聞部卻使《民視》推行其「綠色」理念受到阻礙。這點導致《民視》跟始終立場清晰、絲毫不動搖深綠理念的《自由時報》有相當的不同。在影視媒體效力遠超過印刷媒體的今天，《民視》在推動綠營理念方面沒有達到其應有的影響力，讓許多因理念而投資、支持的台灣民眾失望。

　　別提媒體中立，全世界的媒體都有立場，都在推行自己的意識形態。所以，基於綠營理念創辦的《民視》，總經理是「藍」的，實在不可思議。

　　陳剛信偏藍，從來都不是秘密。他還是國民黨總統候選人朱立倫的好友，據報導，兩人常在一起打高爾夫球，陳甚至公開稱讚朱立倫是「最睿智的市長」。而陳剛信的兩個女兒，則跟藍的、紅的都關係密切。大女兒陳瑩是偏藍媒體東森電視的主播，她跟國民黨的關係好到這種地步：馬英九總統的就職典禮和晚宴，陳瑩都是主持人！可見她在國民黨那裡是瑩瑩發光的darling。

在台灣太陽花學運尾聲時，陳瑩的言論引起爭議。對民眾包圍中正警局事件，陳瑩在臉書上公開呼籲黑社會介入：「這個時候我們都希望白狼出來……。」最後甚至爆粗口：「有種就嗆完聲就tmd（他媽的）不要跑」。此語出自一位電視主播，頗令人瞠目。再者，她不是政論節目主持人，而是報新聞的，顏色表達也太露骨了點。

陳剛信的二女兒陳琳則嫁給了中國出名的紅色企業家沈雯的兒子沈臻。號稱身價九百億台幣的上海紫江集團董事長沈雯，不僅是共產黨員，甚至官至中共的全國政協委員。中國媒體說：「沈雯幾乎把政協委員做為自己的第二專業。」

沈雯的龐大資金是否有問題呢？據原紫江集團董事、財務總裁沈國權的實名舉報：「紫江集團董事長兼總裁的全國政協委員沈雯，極其嚴重涉及數億元人民幣的金融詐騙、巨額偷逃稅款、虛構業務合同、偽造財務報表、欺詐上市、侵吞集體國有資產數百億元人民幣等罪行。」但這位中共全國政協委員的企業家，即使遭如此舉報，居然迄今仍沒被查辦。

陳剛信的二女婿目前正接手其父沈雯的龐大家產，成為新一代公司掌門人。由此，這個中國紅色公司和陳剛信家族的關係更密切了一層。

蔡同榮在創辦《民視》時就確定這樣的方針：「《民視》的最高指導原則是確保台灣不被中國併吞，培養台灣人民守土的決心及愛鄉的感情。」可惜在推動綠營理念這一塊，他並未真正找對人。

面對陳剛信權力膨脹，蔡同榮感到被架空。他曾設想把《民視》一分為二，由陳剛信掌管影視戲劇，而把新聞這塊分出來，另外找人負責。但蔡同榮突然病逝，這項改革未及實施。接任蔡同榮的第二任董事長田再庭是蔡同榮的思想戰友，他馬上採取措施，保住《民視》不被國共拿去（買走），成立了「民視顧台灣顧問團」，名譽顧問是前總統府資政彭明敏，團長是前駐日大使許世楷，成員包括郭倍宏、沈清楷、薛化元、楊緒東醫師（台灣大地文教基金會董事長）等親綠人士。

由於田再庭年事已高，所以蔡同榮生前的意願是，由曾任台灣獨立建國聯盟美國本部主席的郭倍宏接任《民視》董事長。2016年5月13日，《民視》21名董事改選，郭倍宏獲最高票，負責主持5月26日本屆第一次董事會；在該次董事會中選出7名常務董事，郭倍宏以4比3多數當選《民視》董事長。這個結果完全符合公司法規定的程序，更符合《民視》的創建宗旨，所以讓綠營振奮，藍營氣惱。

當然最氣惱的是陳剛信，做為《民視》17年的總經理，陳剛信心滿滿地覬覦董事長的位置，沒想到被突如其來、橫空出世的郭倍宏搶走董座，導致他惱怒到當場失神摔杯及申請退休。

表面上陳剛信反對郭倍宏做董事長的理由是，《民視》在林口正興建的總部大樓是郭倍宏的「宏昇營造」承建，正在完工申請使用執照階段，所以由郭倍宏出任董事長有利益衝突。但事實上，正如《財訊》雜誌所說：「陳剛信難以說出口的原因，除了他自認最有資格坐上董座之外，更因郭的獨派背景，將對《民

視》與中國往後的合作不利，這才是他最擔心的事！」或許《財訊》沒說的是，恐怕連陳剛信家族和中國方面的關係，也會受到《民視》向深綠傾斜的影響吧。

其實，在反對郭倍宏出任《民視》董事長的公開信中，陳剛信本人也並不忌諱地寫到：「二位前任董事長在與總經理及同仁們爭執《民視》的未來走向、電視台立場與經營策略……。」等於清楚表明，他跟蔡同榮、田再庭就《民視》方向有分歧。

《民視》的「地震」在台灣媒體頗引起一陣騷動，當然更招來偏藍陣營的冷嘲熱諷，有人質問，沒有媒體履歷的郭倍宏「憑什麼」空降《民視》董座？其實，如果回首一下郭倍宏頗具傳奇的人生經歷，大部分人會相信，郭倍宏不僅有足夠能力經營民視，更是此時此刻天賜綠營媒體的一個難得人才。

半個多世紀以來，在台灣邁向民主的艱難過程中，在綠營終於同時贏得總統府和國會的坎坷旅途中，尤其是在跋涉向獨立建國的險惡道路上，有過很多英雄，但他們大多都是unsung hero（缺乏被讚美的英雄）。西方人愛讚賞人，只要看見一點閃亮，就會像發現金子一樣讚美，尤其感激、銘記為自己的理念、成功鋪路的人，由此形成一個感恩的、欣賞別人優點的正向循環。而華人世界熱衷追捧的多是當朝官宦，卻往往慣性地、無意識地忽略了那些用汗水、血水、淚水為自由鋪路卻沒有得到輝煌或榮光的奉獻者。空降《民視》董座的郭倍宏就是這樣一個unsung hero；他年輕時的故事如果發生在西方，大概早拍成電影了。

1955年出生於台南市的郭倍宏，1980年赴美，在美國北卡州

立大學獲得結構工程博士學位；留美初期創辦台灣同學會，是八十年代美國的台灣海外留學生運動首腦人物之一。他31歲出任台灣獨立建國聯盟美國本部主席，還是為捍衛言論自由和台獨理念而自焚的鄭南榕的摯友。

鄭南榕是在中國八九民主運動爆發的前一個星期自焚的。八十年代後期，許多因支持台獨而被列入國民黨黑名單的人開始了一波又一波、前仆後繼的闖關返台運動。郭倍宏就是在鄭南榕自焚後，成功偷渡回台，繼續鄭南榕生前未竟的事業。

這實在是一個很精彩的故事。首先，他用偷渡方式成功地回到台灣，然後對外宣布。當時的國民黨政府實在是又驚又氣，他們通過軍情系統搜捕，參謀總長郝柏村發出12張通緝令，懸賞破記錄的金額二百二十萬元（10年前的美麗島事件，施明德遭懸賞一百萬元），並出動大批軍警全台追捕。

在當時國民黨行政院長李煥以首謀叛亂犯將處無期徒刑或死刑的威脅之下，而且所有警察人手均有一張玉照，郭倍宏竟然預先三天公布自己的行程。在那麼小的台灣，那麼大陣仗的軍警搜捕、包圍之下，郭倍宏不僅如期在1989年11月22日出現在舉行造勢大會的台北市郊中和體育場，而且發表演講，喊出了即使在今天很多人仍不敢公開喊出的口號：「推翻國民黨，建立新國家！」當時台下數萬觀眾，群情激昂。

當然，贏得這樣一個壯觀的場面絕非易事，郭倍宏經歷了一個有驚無險的戲劇化場面：當天下午，騎摩托車從台北市帶郭倍宏去造勢大會的朋友，由於太緊張而頻頻迷路，大約五點多鐘誤

闖進會場附近的一間學校，未料居然看到學校整個大操場滿山滿谷都坐滿了軍警，差點沒把他倆嚇昏；結果軍警大軍卻沒人注意他們，大概萬想不到十萬火急追捕的通緝要犯郭倍宏本尊竟會自投羅網到軍警的眼皮底下，所以讓他們倆大搖大擺地在大批軍警眼前180度迴轉，最後終於在驚魂未定之際抵達造勢大會現場！

在郭倍宏激昂的演講之後，現場燈光突然熄滅，幾千名台前的民眾一起戴上寫著「黑名單」的面具，掩護郭倍宏突圍。在眾志成城、萬眾「一面」的激情中，郭倍宏戴著跟大家一樣的面具，換掉了演講時的服裝，逃出了被上萬軍警團團圍住的會場。

但險情並未結束。離開造勢大會舞台後，郭倍宏隨即取下面具，在兩位貼身同志的護衛下，化身為普通的路人甲，走出會場，企圖搭公車離開。但是，當時車行如牛步，原來警察擴大包圍圈，在各路口攔截每輛通過的車，臨時檢查。機警的他從車速減緩察覺到不對勁，立即下車，重新走回會場，並決定當晚就留宿在會場大馬路旁友人的車後座，直到第二天早晨才撤退，這樣又逃過一劫。

這還不夠，隨後郭倍宏又演出了更瀟灑的一幕。在逃亡的過程中，他居然找到一個機會，大膽地站在幾個警察身後，微笑著跟警察們拍了一張合影。照片被報紙公布，讓一直信誓旦旦表示掌握他行蹤，只是暫時不逮捕他的台灣警界高層滿臉全豆花（台語：很尷尬，無地自容）。

而且更傳奇的是，幾天之後，郭倍宏又用偷渡的方式離境，回到美國洛杉磯召開記者會，宣稱兩年之內要把海外最老牌革命

組織「台獨聯盟」遷回台灣。

　　這些片段簡直就是好萊塢名片《勝利大逃亡》（*Escape to Victory*）的現實版，難怪當時引起國際媒體競相報導，美聯社把旋風般來去無蹤影的郭倍宏譽為「蝙蝠俠」（西方電影中的英雄），日本NHK則稱他為「忍者」。郭倍宏那次勇敢且成功出席的晚會，是當時本土派選立委的第一天造勢活動，一般認為，是該次選舉國民黨大敗的主因，也因此讓當時剛成立只有三年的民進黨第一次贏得了選舉的重大勝利，從而確保之後能合法運作。所以這場國際揚名、青史留名的「黑面具」郭倍宏現身晚會，對台灣人民主運動的影響厥功甚偉。

　　一年九個月後的1991年8月底，郭倍宏信守兩年回台的承諾，正式展開海外台灣人突破黑名單行動的最後一擊，率領台獨聯盟遷台。他是突破行動計劃的第一棒，以美國本部主席身分負責率先闖關回台，在桃園機場表明自己是通緝要犯的身分後被捕。國民黨當時第一個決定，是要把他遣返美國，並已確認讓他搭乘的班機。經過一番抗爭，他施巧計和群聚等候在機場的各家媒體碰面，並接受採訪。最後迫使國民黨不得不讓他留下來，送至曾關押陳水扁前總統的土城看守所坐牢。兩天後，奉郭倍宏命已先行返台駐點的美國本部副主席李應元也現身入獄。兩個月後兩人均被國際特赦組織認定為良心犯，發動國際救援。

　　此後連續六個月，包括王康陸、張燦鍙等16個頂有高學歷光環的台獨聯盟成員，有計劃地隨郭倍宏之後相繼叩關或偷渡現身而被捕，撼動整個台灣社會，並引起國際媒體關注。台大醫學院

老院長李鎮源院士、台大經濟學教授陳師孟等知名學者群起走上街頭抗議，導致國民黨最後不得不屈服而修改刑法100條，取消陰謀罪，使台灣的言論自由從此得到一定的保障，而郭倍宏等人也因此重獲自由，得以在家鄉長居。不過郭倍宏並未以此滿足，出獄後隔年，他又特地赴日本安排台獨老將、《台灣人四百年史》作者史明偷渡回台成功，至此徹底終結海外台灣人幾十年的黑名單夢魘。

在這次闖關返台前，郭倍宏特意鼓勵妻子張舜華正式進入加州州立大學藝術設計研究所就讀。他們夫婦感情篤厚，郭倍宏說，當時最擔心的是自己被捕後，國民黨用他的「軟肋」來脅迫，所以希望自己坐牢時，妻子可以藉忙碌的功課來紓解思念的情懷。

也是台南市人的張舜華是台大歷史系碩士，主修台灣史，對丈夫放棄優厚的工程公司副總裁職務而獻身台灣獨立建國大業、以及冒著生命危險偷渡回台等，都給予理解和支持。她獲得加大藝術設計碩士後回台，曾在實踐大學任教；郭倍宏創辦並擔任副主席的台灣「建國黨」成立時，黨旗就是張舜華設計的。郭倍宏坐牢時，妻子在美國各地奔波演講，聲援身陷牢獄的夫婿，可謂夫唱婦隨，一對革命戰友！

旋風般投入台灣政治運動的郭倍宏，和很多一路繼續從政的綠營人物們不同，他不僅因挑戰民進黨「人頭黨員」與地方山頭而決定退黨參選台南市長，還因無法認同許信良擔任主席時主導民進黨向中國傾斜，而創立建國黨予以抗衡。38歲那年，他又微

風似地淡出政治，回到工程師本行的營造業。到這樣的年齡才開始創業，又碰上當時台灣建築界實在不太景氣，所以他起步的前六年非常艱難。

但成功人士都有其獨特的膽識和氣質，敢於在國民黨專制時代演出真實版「勝利大逃亡」的郭倍宏，在出任台獨聯盟美國本部主席時，已展現優異的組織才能。回到自己技術本行後，他和五位留美博士在台南創建「宏昇／宏舜」營造團隊，後又有12位技師、建築師等加入，凝聚成一個理論學養扎實、實務經驗豐富、擁有台灣及美國多種技師證照的專業團隊。郭倍宏做為負責人，領導這個團隊發展壯大，公司業務額劇增，並多次獲得台灣的建築大獎。

自2004年迄今的十多年裡，幾乎每年的台灣「國家建築金質獎」全國首獎獲獎名單中，都有郭倍宏領導的「宏昇／宏舜」營造公司，獲獎工程包括科技大樓、教學大樓、基督教堂、醫院大樓、科學園區廠房等。

2010 年，在台灣第7屆國家品牌玉山獎獲獎名單中，郭倍宏任董事長的「宏昇營造」榮獲「卓越貢獻獎」，郭倍宏本人則獲「傑出領導人獎」全國首獎。在全部獲獎名單中，只有郭倍宏個人和他的公司同時獲獎！另外，2010年他還代表台灣獲頒第38屆「亞太營聯會卓越獎」，這是亞洲地區任何國家每20年才有一位工程師有機會獲贈的榮耀。

2014年，由郭倍宏主導的「宏舜開發」和「宏昇營造」聯手打造的「高雄美術館園區HH大樓」，拿下了台灣第15屆國家建

築金質獎超高層組規劃設計類全國首獎。該建築是南台灣第一棟精品超高層集合住宅，不僅融入健康快樂的設計理念，也是節能低碳的環保綠建築典範，2015年獲頒美國綠建築LEED金牌獎，是台灣住宅大樓第一座。

一如他當年旋風般偷渡闖關回台，在成功經商20年之後，這次他又旋風般回到經營自己理念的陣地。但這次不是從政，而是像許多經商成功的猶太人那樣，把目標轉向了領引大眾思想的媒體。

一個團隊／公司的成功，關鍵就看其領導人。「宏舜開發」和「宏昇營造」的成功，展現了郭倍宏的經營和領導能力。一個電視台就是一個企業，對媒體業務技術上的熟悉不是重點（那是聰明人迅速可以上手的），最重要、最關鍵是領導人的魄力、組織和經營能力，而這種能力最直接的展示就是決策能力，和人的溝通、交往能力。熟識郭倍宏的人大概都承認，他在這幾點上的特色尤為突出。

這樣一位具台灣主體性理念，又懂得經營管理的領導人才，接手《民視》董事長，無論是空降陸降，還是旋風吹來，對台灣媒體來說都是一件幸事，尤其是對綠營！之前《民視》最缺乏的，就是這樣一位理念清晰、敢做敢為、具領導氣質、並對自己進行的事業有激情的管理者。

西方人有言，一頭獅子帶領一群羊，可以打敗一隻羊領導的一群獅子；領導人決定勝敗，更決定一個團隊的路線和方向，也許這才是陳剛信對此次《民視》董座接班不諱言的擔憂。

前面提到的陳剛信指郭倍宏和《民視》有「利益衝突」，明顯是醉翁之意不在酒。其實這項爭執始於三年前。「宏昇營造」2013年承建《民視》總部大樓，完全是按照《民視》所訂的招標程序，繳納五千萬元押標金，撰寫服務建議書，並提出簡報參與競標，依此程序獲得優勝。當時四家台灣知名的建築營造公司一起參與評選，宏昇脫穎而出，贏得第一名；而且11位評審有7位給予第一名，可謂贏得非常扎實。

但名次確定後，或許陳剛信另有心儀對象，硬是以總經理身分不肯承認這項經過嚴格程序審核、多數評委審定的結果，並在常務董事會上跟田再庭董事長發生言語衝突，甚至表白要以辭職要脅。在這種狀況下，常董會為顧全大局只好改變，採用價格招標。開標結果，評比第一名的廠商宏昇公司是十五億二千萬元，而陳剛信所屬意的第二名廠商是十七億六千萬元，且不肯再減。由於宏昇公司的承建價格比另家的報價足足少了二億四千萬台幣，等於為《民視》幾乎省下八百萬美元，更何況宏昇又是被評為第一名的廠商，此事才算塵埃落定，但彼此已留下心結。

郭倍宏當選《民視》董事長時，林口總部大樓已近完工，準備申請使用執照。董事會也同意，由工程專業、人格特質都頗具公信力的前中鼎公司副總經理劉金柱常務董事，和人權律師洪貴參董事共同組成獨立驗收小組，加上該工程本來就是台灣工程管理最權威的台灣世曦工程顧問擔任營建管理，負責管控，且大樓竣工在即，三年施工期間，迄今並無任何追加變更。在這種情況下，陳剛信的「利益衝突」究竟從何談起？豈不是無地放矢嗎？

這裡顯然是另一種「利益衝突」——和陳剛信在掌控《民視》的大權上發生了「衝突」。知情人士透露,當年蔡同榮把陳剛信從《華視》挖來之後,給他寫下了字句,保證不干預陳如何經營《民視》。這就解釋了為什麼《民視》在方向上未達到綠營民眾的期待,卻無法改變現狀的一個重要原因。

　　蔡同榮最後選擇郭倍宏,大概有意要彌補一下當年聘請和縱容陳剛信對《民視》一手遮天的錯誤。蔡同榮的別號是「蔡公投」,他一直推動公投法,希望台灣成為正常化國家,這跟郭倍宏偷渡返台喊出「推翻國民黨,建立新國家」在同一個理念的軌道上。

　　第二任董事長田再庭在本屆常務董事會選舉時,舉手提議郭倍宏接任董事長。這不僅是完成蔡同榮的遺願,當然也源自他本人的台獨理念。律師和檢察官出身的田再庭,當年以民進黨籍當選過立法委員,後曾任建國黨副主席（主席是許世楷）。這樣的理念背景下,蔡同榮、田再庭屬意郭倍宏,是一種必然。而同樣支持郭倍宏的《民視》常務董事兼副總經理王明玉（後來出任總經理）,也是同樣的台獨背景。在鄭南榕自焚、郭倍宏闖關返台的前一年（1988）,她在美國擔任奧克拉荷馬州台灣同鄉會會長,後當選北美洲台灣婦女會總會長。所以她回台與蔡同榮等推行公投,創辦《民視》,成為這家電視台的靈魂人物之一。

　　《民視》的地震——郭倍宏的當選,等於是清理之前通往理念方向的一些重要障礙;使這家電視台的幾個靈魂人物都是理念相同的戰友,凝成一股勁,在媒體這個影響台灣民眾思想的戰

線，跟殘餘（且因紅色共產黨的存在而仍很囂張）的國民黨思維繼續拚搏。

郭倍宏出任《民視》董事長後，給台灣觀眾露的「第一張臉」，就是推出他從壹電視挖角來的《正晶限時批》主持人彭文正、李晶玉夫婦。這個選擇，又是一個理念的產物。彭文正揮別壹電視、加盟民視時在臉書上表示，他的題爲《政經看民視》的新節目堅持「公平、正義、正直、善良」，並明言要追求「公投、制憲、獨立、建國」。如此目標，難怪跟郭倍宏一拍即合

郭倍宏曾說：媒體是第四權，要堅持新聞自由精神。民視不僅監督國民黨，也要監督民進黨等。《民視》不屬於任何政黨，它屬於台灣人民，尤其它當初是台灣民眾集資（買股票）建立的，更有一種特殊的使命！

當然，面對舊勢力的持續阻礙以及台灣媒體界的激烈競爭，郭倍宏的《民視》之路一定充滿挑戰。但對這位當年敢於偷渡返台、在警察圍堵的情況下登台演講、並勝利大逃亡的勇者，這個38歲才創辦建築公司，表現成績優異、不斷獲獎的智者，人們有理由期待，郭倍宏將以理念精神、領導魄力把《民視》帶領到「加倍宏大」的境地。就如「民視顧問團」成員楊緒東醫師當時在其專欄所寫：「台獨奇人郭倍宏接任台派的《民視》董事長，乃蔡同榮和田再庭的知人善任……。郭倍宏當家，《民視》可以大有作爲，他主掌之下會有實至名歸的表現，請台灣人民放心。」

台灣要走向以色列式的獨立建國之路，眞正成爲華人世界民

主體制的樣板，不斷清除國共兩黨半個多世紀強力洗腦的精神餘毒是必須的！在這條道路上，能有一路奮戰的《自由時報》和面目一新的《民視》做為開道並護航的兩艘媒體航空母艦，是值得對岸中國人羨慕的幸運。

不願與我同台的
黃昭堂

　　郭倍宏是「台獨聯盟」美國本部主席，總部主席是黃昭堂。黃主席早年留學日本，在東京大學獲得國際政治碩士和社會學博士學位，因從事台灣獨立運動，擔任「台獨聯盟」主席，而被國民黨列入黑名單，無法返回台灣，長達33年！直到台灣開始民主轉型，取消了黑名單，他才得以回到自己的家園。

　　但不幸的是，前兩年他在一次做鼻竇炎的小手術後卻突然去世，很是令人震驚。雖然人老了，總有一走，但他是個象徵性的人物，在台灣走向正常化獨立國家的進程中，具有特殊的地位，而我因曾跟他有過多次聚會，所以特別地感到惋惜、悲傷。

　　我有好幾次在台灣的研討會上跟黃主席同台，聽到他的33年，非常感觸，曾開玩笑地說，「我可不想跟黃主席比賽。」因反共、支持台獨等，我已在中共黑名單至今28年了，也是有家回不得。一個人能有幾個33年？最多也就三個吧，而黃昭堂超過三分之一的人生是在流亡中度過的，那種長年累月在異鄉他國、有家不能歸的痛苦和煎熬，是外人難以體會的。

　　黃昭堂先生給我印象最深刻的，不是他的「台獨」，而是他的幽默。由於東方人普遍缺乏幽默感，所以黃先生的幽默尤其令

人耳目一新，跟他在一起聊天，從不感覺乏味，即使觀點衝突時，也能哈哈大笑地收場。

例如他跟我同台講話時，他開口就一臉嚴肅地對觀眾說：「我最不願意跟這個中國人曹長青同台，」台下的人都大眼瞪小眼，以為我們之間發生了什麼問題。可他話鋒一轉說，「因為跟曹長青同台，我就必須說那個北京話。」為了尊重我，更為了讓我聽懂，每次同台，他都很費力地說「北京話」。他說得真是很費勁，像說「外語」一樣咬文嚼字，或者說是尋文找字，因為台灣話才是他的母語，還包括日語。說實話，聽黃昭堂、李登輝、彭明敏、辜寬敏他們那一代台灣人講北京話，就像聽學中文的日本人說華語差不多。

黃昭堂還很會用幽默的方式肯定別人。他說「最不願意跟曹長青同台」的第二個理由是，「我要講的都被他講了，」接著再幽默一句：「見識了這個曹長青，我才對中國人有了一點好感。」我被中國人最痛恨的理由（支持台獨），成了黃主席對中國人好感的原因，這是什麼顏色的幽默？

有一次我去拜訪他的台獨聯盟總部，看到他辦公室有一副畫，畫面竟然有陳文茜。我很奇怪，怎麼一向嚴謹的黃主席要掛這個被人罵為「妖婆」的女人的畫？仔細一看，畫面是陳文茜舉著大刀，地上躺著許信良、施明德這兩位前民進黨主席，前面是國民黨主席連戰在奔逃。我問黃主席這是什麼意思？他說，我也是「主席」，要時刻提醒自己，不要被這種女人「幹掉」。黃主席的幽默實在到位。

我接過來說，我們可是歡迎陳文茜到中國去，如果她能幹掉共產黨的主席們，我馬上給她寫一篇讚美詞。

　　黃昭堂不僅講話幽默，而且能寫。就台灣獨立問題，寫過好幾本專著，比較知名的有《「台灣民主國」研究：台灣獨立運動史的一斷章》、《台灣在國際法上的地位》（與彭明敏合著）等，所以他也是台灣獨立運動的理論家之一。同時他更是充滿激情的活動家。1970年由世界幾個國家的台獨組織合併而成的「台灣獨立聯盟」，成為一個世界性的台獨組織，致力於推動台灣獨立建國，黃昭堂多年擔任主席，直到過世，可謂終身獻給了台灣獨立事業。他生前就說過：「台灣獨立運動是我的專業。」

　　2004年總統大選前夕，綠營的「二二八手牽手護台灣」運動，橫貫全島，氣勢恢宏，對陳水扁總統的連任具有決定性的作用，黃昭堂是這個「手牽手護台灣運動」的總指揮。李登輝擔任總召集人。那是一次最體現綠營團結（包括扁、李聯手）的活動。因為有了那種建立在理念共識基礎上的團結，所以才有了後來選舉的勝利。

　　在流亡日本期間，黃昭堂在昭和大學擔任教授。直到李登輝出任總統取消黑名單後，他才得以返回台灣。他後來跟李登輝的關係一直很好，甚至成為至交。在陳水扁被紅衫軍圍攻，地位搖搖欲墜時，我曾問李前總統，以台灣目前政壇的情形，哪個適合做總統，或者說你有一票的話，投給誰？他不假思索地回答：「投給姓黃的。」我以為是一直跟隨他的那位群策會秘書長黃昆輝，結果他是指「黃昭堂」。由此可見黃昭堂在李登輝心中的地

位和份量。後來看到有一次李登輝訪問日本時，主要隨從者只有黃昭堂。這兩位老人，可謂惺惺相惜。

多次在台北跟黃主席和他的秘書長王康厚先生一起「把酒論台灣」，那些談苦也談樂、對明天滿懷希望的場面還歷歷在目。本來準備在總統大選時再相聚，尤其想跟他探討一下我們對某些問題的不同看法（例如陳水扁案和李登輝）。沒想到這麼快就天人永別，再沒有機會聽他說「我最不願意跟這個曹長青同台」的幽默了，更無法跟他舉杯同賀台灣成為獨立國家的那一刻。

享年79歲的黃昭堂走了，但他所代表的那個時代並沒有結束，那個把台灣建成一個正常獨立國家的夢想更沒有破滅，只是尚未實現。可以想見，他是多麼不甘心，多麼遺憾。黃先生雖說也算高齡了，但在那一代人中，他還算是比較年輕的。像彭明敏、辜寬敏、史明、黃昆虎等數不清的出生在日治時代的台灣人，都在跟時間競賽，期盼著、渴望著在他們的有生之年，看到養育自己的土地成為一個正常的獨立國家，一個以台灣的名字走向世界、加入聯合國的國家。

黃昭堂那一代人，一輩子用凝聚著辛酸和血淚的奮鬥，構築著一個建立屬於台灣人自己的國家的夢想。「老兵不死，只是凋零」——無數覺醒的台灣人正繼承著黃昭堂這一代人的理想精神，接過他們夢想的火炬，去點燃台灣璀璨的明天！

金恆煒是狐狸
還是刺蝟

　　在台灣民主化和本土化轉型的歷史進程中，金恆煒先生也是一個指標性的人物。所謂指標性，就是在某些方面很具代表性，引人注目。

　　金恆煒第一次引「我」注目，是2000年大選前夕在英文《台北時報》。當時我受該報之邀赴台觀選，寫幾篇大選評論。金恆煒給我的第一眼印象，是在打領帶之處，繫了個褐色領巾裝飾結，很「與眾不同」。這可能是他的trademark，因為後來從沒見過他著西裝領帶。

　　那天金先生和夫人張文翊一塊來報社，其夫唱婦隨、配合默契的神態給我印象深刻。後來在其他場合，也多見他倆成雙結對，形影不離。台灣曾深受中國和日本的大男子主義文化影響，多數情況下是男人們自己為事業交往，女人則守在家中，仍被稱為「內人」，而出雙入對的金恆煒夫婦好像相當「西化」。

　　後來和金恆煒接觸多了，尤其讀他的文章，更深刻而強烈的印象是，他這個在中國出生、屬於「外省人」的知識分子，卻信奉一種超越地域、血緣、種族的普世價值觀。而正因為這種超越，他才沒有那種絕大多數外省知識分子沉迷的「大中國情

結」，而是堅定地支持人民的選擇權，為台灣成為正常國家而奮筆疾書、鼎力呼喊。

在今天台灣藍綠對峙、知識人也由此分野的情況下，絕大多數外省知識分子都傾向國民黨。例如藍營的《中國時報》和《聯合報》的高層主管，據統計前者近七成、後者八成以上都是所謂外省籍，因此自然成為國民黨的政治啦啦隊。

在當今世界，很多中國文化人都能跨過反專制這一關，但卻無法跨越民族主義的籬障。中國歷史悠久、積澱厚重的「大中國、大一統」的群體主義瘀泥，再加上中國傳統文化中缺乏「個體主義」（individualism）的價值，所以中國文化人就很難把個人自由（選擇）視為最高原則。在這種文化薰陶下的知識人要想超越「民族主義」，真是「難於上青天」。

例如在台海兩岸都頗為知名的文化人李敖和柏楊，他倆當年都是反國民黨獨裁的要角。同時他們也都曾激烈地抨擊中國傳統文化的弊端，推崇「西化」。但最後遇到台獨問題，也就是面對台灣人的選擇權利，李敖則像共產黨那樣窮凶極惡地反台獨。柏楊當然沒像李敖那樣反台獨，卻也未表態支持台灣人民的選擇權利，而且晚年更去迎合北京的統戰宣傳，說那些讓中國記者都起雞皮疙瘩的話：「我們的國家只有一個，那就是中國。我們以當一個中國人為榮……。中國──我們的母親，是我們的惟一的立足點。」毫無自由主義味道的大民族主義者口吻，簡直到了笑料的地步。

正因為是這麼難，才更凸顯金恆煒超越中國人、中國文化、

大中國等概念，信奉「普世價值」的難能可貴的鶴立雞群！

在當今綠營的「外省」知識分子中，和金恆煒一樣理念堅定而引人注目的還有前總統府秘書長陳師孟、現爲台灣駐德大使的謝志偉等。但他倆和金恆煒還有點不同：陳師孟因父親在台南糖廠工作，所以在南部長大，會說一口地道台語。謝志偉母親是台灣人，他的台語則能詼諧幽默，甚至妙語連珠。那種對台語的嫻熟掌握，自然就和台灣人有親近感，增加對台灣的認同。而金恆煒的台語可不靈光，我不知道他能聽懂多少，但好像他根本不會講。我自己不會台語，有時參加台灣人的活動，當一個台語幽默引得滿堂大笑時，自己卻一臉嚴肅，不知道人家在說什麼；參加電視節目尤其困窘，有人說台語，我就完全處於狀況外，要靠猜測他們在談什麼，才能插話參與討論。語言的隔閡，在相當程度上會產生情感的隔閡。但這點卻完全沒有影響金恆煒對台灣這個國家的認同。他曾很認眞地對我說：「台灣就是我的國家。」金恆煒的認同，不是從血緣、種族、語言、文化，更不是民族主義，而是從尊重人民選擇權利的普世價值，是自由主義的精神價值。

除了理念的因素之外，金恆煒的第二個獨特之處，就是他的率眞。中國文化多強調「城府」，要深藏不露，其實就是「算計」或「詭詐」。什麼「話到嘴邊留半句」、「揣摩上意」、「笑不露齒」、「察言觀色」，這種格言警句數不勝數。早在《左傳》就有「道路以目」，意思是兩人路遇，只能以目傳「話」。這個「目」是什麼意思，就要暗自揣摩、心領神會了。

在這種文化下，率眞、純眞、率性、眞性情，都被閹割了。於是一部中國文人的歷史，就成爲一部「厚黑學」。

金恆煒之所以能堅守「普世價值」，敢在國民黨文化人主導的台灣爲此大聲疾呼，也可能和他的性格有關。西方研究一個人，非常強調character（性格）因素。金恆煒表面上是個文弱書生，但實際上是個性情中人；而且膽子很大，看準了方向，就敢往前衝。例如他駕車，也是「勇猛型」的，有時令旁人驚心動魄，但最後都有驚無險，難怪他夫人文翎也說：「恆煒開車才嚇人呢！」

英國哲學家以賽亞‧伯林曾把知識分子分成兩大類：狐狸和刺蝟。前者能因地制宜、隨機應變；後者則堅守原則，一貫而終。在中國古訓中，三十六計、七十二變、一百零八將等，都是塑造「狐狸」的指南。因爲三十六計，就是百般算計；七十二變是變來變去；而一百零八將，則是靠群體壯膽。狼總是成幫結伙（因而有狼群），而獅子喜歡特立獨行。從刺蝟到獅子，古往今來，人類一直都推崇那種心靈強大、率性秉直的獨膽英雄。而金恆煒就是這種刺蝟和獅子型的知識分子，所以其好友、政大社會學教授顧忠華說：「正義感，是金恆煒展現出的最令人欽佩的地方。」

爲了理念，金恆煒不計個人物質利益的損失。七十年代他和夫人張文翎都在《中國時報》任職，後來他出任該報副刊主編。在《中時》和《聯合》兩大報主宰的時代，僅做個版面主編，就不僅有不錯的薪水，還有體面的社會地位。但金恆煒卻因與《中

時》老闆理念衝突，八十年代中就和夫人一起離開，然後夫妻倆胼手胝足，創辦《當代》雜誌，引進歐美思潮。顧忠華曾說，金恆煒「是文藝復興的手工業代表，《當代》雜誌則是金跟太太的手工作品」，就是因為他們獨辦雜誌，倍嚐艱辛，更賠進去一棟房子錢。

金恆煒寧損薪水、待遇、發稿權等，也不為「五斗米折腰」。後來在給《自由時報》寫專欄時也是這樣「倔強」：2000年大選時，《自由時報》老闆因支持前總統李登輝而支持了連戰，但金恆煒卻力挺民進黨候選人陳水扁。結果他又「固執己見」，放棄了《自由時報》，而去給立場深綠的《台灣日報》寫專欄。無論從稿費，還是影響力上，兩報都無法同日而語。後來《台灣日報》關門，金恆煒的稿費都沒錢發。但這就是金恆煒的「脾氣」，更準確說是一種大丈夫的「氣節」。

後來《自由時報》更傾向本土，金恆煒才回來寫專欄，對強化綠營理念具有舉足輕重的影響力。

理念和性格，可能都是自我造化，屬於「天時」。但金恆煒還有「地利、人和」，那就是他有一位理念默契、志同道合的太太。張文翊也是外省人，而且她父親還是蔣時代司法院的大法官，可想而知該有多麼「藍」。文翊雖是個孝順女兒，卻有股不妥協的勁頭，絕不把自己的台獨理念打折扣。

西方有諺語說，女人一旦認個理，比男人更堅持，更激烈。雖然政大中文系畢業的張文翊給人的第一印象是溫文爾雅、文質彬彬，臉上還總有「招牌微笑」，但其內在則是「認理」氣質。

有時聽他們夫婦談台灣政情，感覺金夫人比金先生更綠，因爲她對國民黨欺壓台灣人的霸道和惡行，「口誅」不已，她先生則晚上挑燈「筆伐」。常言說「夫唱婦隨」，但他倆有時根本分不清「誰唱誰隨」。

　　一個男人只要有太太的鼎力支持，就可頂天立地，即使受「天下圍攻」也無所畏懼。金恆煒竭盡全力爲台灣呼喊的一無反顧，和他有個俠骨柔情的強大「後盾」密不可分。

　　除了深綠太太的鼎力支持，他本人的自由主義理念，他的率眞的性格因素之外，還可能因爲金恆煒有個剛直不阿、獨立不羈的父親。很多人的成長深受父親的影響，有的影響至深。

　　在浙江出生的金恆煒，一歲多的時候被父親金溟若帶到了台灣。而這一步跟中國的大文豪魯迅有關。金溟若是當年魯迅指導提拔的青年作家和翻譯家，與魯迅有多次交往、通信等等。在魯迅寫給妻子許廣平的《兩地書》中，兩次提到金溟若。據中國學者鄭育友的考證統計，《魯迅日記》裡提到金溟若有27次之多。可能正是因爲跟魯迅有這樣的情誼，金溟若在1946年受到魯迅至交、台大中文系主任許壽裳的邀請，從中國來到台灣。

　　或許是受魯迅獨立人格的影響，在蔣介石國民黨統治的台灣，金溟若從在編譯局做編審，到後來做到台大副教授，始終不加入國民黨，結果被黨國打壓，成爲警總注意的對象。

　　以金恆煒的性格，如果在中國，反右時肯定被打成右派，文革時更會被迫害，恐怕連命都保不住。所以他得感謝當年父親把他帶到台灣。而且他那位敬仰魯迅的父親，或許潤物細無聲地給

了他那種魯迅看透中國文化弊端、敢於說眞話的眞性情。所以在台灣綠營的寫手中，金恆煒的時事評論獨樹一幟，敢說眞話，敢把話說滿，說到「頂」，既不畏國民黨權勢，也不怕冒犯那些所謂大師（屍？）的泛藍文化人。他常點名道姓，痛斥那些爲舊勢力張目的獐頭鼠腦。有讀者讚譽說，金恆煒的專欄文章，「以獨特見解針砭時事，不改嗆辣本色，常常直搗藍營的痛處。」

金恆煒是「刺蝟型」的知識分子，他用理念的「刺」，刺穿國民黨的謊言，戳破共產黨的宣傳，激活被洗腦多年的台灣人神經。他的專欄評論，每一篇都像刺蝟身上的尖銳、鋒芒的「探針」，擊中那些虛假的「喉頭」、惡行的「七寸」。文章中洋溢出一種眞的精神、活的氣質和凜然的正義，更有啓迪讀者「做人著文」的人格力量。無怪乎台灣人意見領袖之一的羅榮光牧師曾激情地說：「沒有看過金恆煒先生文章的人，就不夠資格當台灣人！」我想這就是「眞金」在人們心中的「份量」！

陳師孟為何
不師從國民黨

金恆煒的理念戰友陳師孟，也是一個綠營的指標性人物。上文提到，金恆煒出生在中國，一歲時被父親帶到台灣。而陳師孟則是出生在美國，一歲後由在美國留學的父親帶到了台灣。金恆煒和陳師孟不僅理念相同，父輩也類似，都是學者專家，都沒從政當官。但是如果再往祖輩上追溯，那就不同了，陳師孟的爺爺是蔣介石的「文膽」陳布雷。他不僅當年在中國鼎鼎大名，即使在當今的中國知識界，也是名聲不減。

在國共兩黨半個多世紀的文宣大戰中，很少有人像陳布雷那樣，沒被任何一黨惡評。對於那個時代的政治人物來說，實在罕見。

國民黨推崇陳布雷有其原因，陳跟隨老蔣逾20年，是蔣介石的主要文稿撰寫人，直到1948年自殺。共產黨方面，近年中國出版多本陳布雷傳記，也多是正面評價。例如據陳布雷的29本日記寫出的《陳布雷大傳》就是其中之一。該傳記指出：陳布雷不貪婪權勢，不謀求高官厚祿，是一個品行端正的知識分子。

陳布雷在中國近代歷史上確實是個獨特的人物，曾官至國民黨中央政治委員會秘書長。雖處權力中心，但他卻不爭名逐利，

始終謙恭、低調，一直保持著傳統中國文人的淡泊、清高之風。在抗戰勝利之際，很多國民黨大員爭相中飽私囊，他卻兩袖清風；甚至在物價飛漲、國庫嚴重吃緊、人人爭儲黃金之際，他卻把家裡的金銀兌換成政府的金圓券，以助國家解決危難。他死時床下只有七百金圓券，當時只夠買兩袋米。雖然他的自殺使正處於敗境中的蔣介石難堪，但蔣仍親寫輓聯「當代完人」，並辦隆重葬禮。

陳布雷有七子二女。雖然自己捲入中國時代巨變的政治漩渦，但陳布雷卻不許孩子們從政，要他們學務實的專業。所以，他的七子全部聽從父訓，均學醫農理工。只有二女陳璉，其母因生她過世，被起小名「憐兒」而受驕寵（「璉」是憐的諧音，古之祭器，陳布雷要女兒不忘生母），中學時代遇到共產黨老師，再加上丈夫是中共學運領袖，所以她很早就加入共產黨，中共建政後曾任共青團中央少兒部長（其夫任清華大學黨委書記）。文革中陳璉被迫離婚，並不堪被批鬥羞辱而跳樓自殺，年僅48歲（和其父自殺相差19年零6天）。

陳布雷的九名子女，只有長子陳遲（陳師孟父親）到了台灣，還是偶然所致：國共內戰之際，陳遲在美國攻讀農業碩士。在他畢業後乘船返回上海、途徑日本之際，聽到共軍占領上海的消息，當時中共廣播要船直開上海，不要改航。但船長卻當機立斷，把船開向了基隆，由此改變了陳遲一家的命運。而陳布雷留在中國的子女則都在政治運動中受衝擊。

在台灣的藍、綠政治分野中，當年撤到台灣的國民黨高官顯

貴的後代，幾乎清一色支持國民黨。而陳布雷的孫子陳師孟卻選擇了支持民進黨、支持台獨，並出任過民進黨中央秘書長、總統府秘書長等要職，其獨特性，不得不令人刮目相看。

1948年秋，陳師孟在美國出生整整一百天時，他的祖父陳布雷在南京自殺。但對這個沒見過面的長孫，陳布雷卻頗有情懷，親自起名為「斯孟」。後來在台灣註冊戶籍時，被寫成了「師孟」。陳師孟很有其祖父之儒風和內秀。他以法商組「狀元」成績考入台大，後留學美國，獲俄亥俄州大學經濟學博士。

陳師孟18歲就加入了國民黨，父母自然也是傾向國民黨。五十年代初，蔣介石曾「召見」陳遲，問了兩個問題，一是對目前的工作是否滿意，二是有無困難，需不需要幫助？當時在台南一家糖廠工作的陳遲回答說「沒有」。召見雖簡短，並只有一次，但它說明蔣仍記得陳家後人，想予幫助。以這樣的政治背景，以及他本人的資歷，陳師孟如果像祖父一樣跟隨國民黨，在兩蔣時代會很有政治前景。但陳師孟卻走了另一條艱難的人生之路：支持台獨。

在這一點上，陳師孟似乎繼承了祖父的氣質。陳布雷並不喜歡政治，去世前還說自己不懂政治。他之所以能進入權力中心，是因寫得一手好文章而被蔣介石器重禮聘。蔣當時的主要文告等，都出自陳布雷手筆。像抗戰週年時蔣發布的《告全國軍民書》，寫得頗有古代《出師表》之磅礡氣勢。連中國當時另一個政論文高手、《大公報》主筆張季鸞也深為折服，讚為「淋漓酣暢，氣勢旺盛，是抗戰前途光明之象徵也」。

在當年國共兩黨的選擇中，陳布雷選擇了國民黨，在當時是一種智慧，因為國民黨起碼保護私有財產、遵守基本的社會秩序；而共產黨以暴力和欺騙起家，後來建立了邪惡帝國。但國民黨撤到台灣後，則實行欺壓台灣人的專制殖民統治，相比之下，民進黨代表的是民主進步的力量。所以陳師孟今天選擇民進黨，和當年陳布雷選擇國民黨，有異曲同「理」之處。

　　對國民黨在台灣的專制統治，任何有基本自由主義思想的文化人都會反對。在當年眾多反國民黨獨裁的外省知識分子中，如前述的李敖、柏楊等，多數都沒有走出「大中國」的迷障，都反對台灣獨立，其本質就是反對台灣人民自由選擇的權利。但陳師孟為什麼不同？

　　首先，由於父親在台灣南部的糖廠工作，所以陳師孟的青少年時代沒有住在台北國民黨的「眷村」，而是在南部和台灣孩子們一起長大，能說一口地道的台語，他的朋友也多是台灣人。所以在心理上陳師孟視自己為台灣人，而不像那些眷村長大的外省子弟那樣，有一種自身優越感、也和本地人有心理距離。這種和台灣人的親近，使他日後沒有多大障礙和「轉折點」就走向了尊重台灣人民自決權的道路。

　　一個親身經歷的事件，使他對國民黨專制的恐怖有了切身體驗。七十年代初，他從台大畢業、也服完了軍役，正考慮何時出國留學。突然有一天，他被「警總」約談，劈頭就是一頓謾罵般的訓斥。後來他才明白，原來是母親從海外寄信來，希望他盡快到美國深造，主要的考慮是，學業最好是不間斷地一氣念完。當

時所有的海外信件都被警總拆開檢查。母親勸兒子盡快出國留學，就被視爲「不愛國」，「想逃跑」，並被痛斥。這事讓陳師孟實在震驚不小。當時蔣介石政府剛被逐出聯合國，政治氣氛更是緊繃。

　　許多台灣人都是到美國留學後才對民主有了直接感受，對台灣問題開始從新的角度審視，也更無法忍受蔣家的專制。陳師孟在美國期間，更接受和信奉了自由主義思想。在美國獲得博士學位後，做爲在美國出生的美國公民，他沒有「不愛中華民國」，而是回到了台灣，到台大教書。當時正值卡特政府和中共建交，許多台灣人往美國大逃亡，而陳師孟卻率全家回台灣定居。他去中華民國駐美領事館辦理手續時，領事非常吃驚，特地出來向他表示敬意。

　　回到台灣後，陳師孟則受到了曾和雷震合辦《自由中國》雜誌的外省知識分子傅正的影響。雷震當年主張建立「中華台灣國」，傅正則寫過〈中止一黨專政〉、〈國庫不是國民黨的黨庫〉等文章，進而跨越反專制，主張民族自決，並成爲民進黨創黨「十人小組」成員。陳師孟認同傅正的思想理念，欽佩他的道德勇氣，也追隨了他的選擇，退出了國民黨，進而加入了民進黨。九十年代初傅正去世時，陳師孟陪伴在他身邊。

　　由於是學經濟出身，陳師孟對中共對台灣的經濟統戰和打壓感受強烈，他認爲台灣要健康、繁榮地生存下去，必須擺脫中國。不少反台獨的中國人強調，台灣的經濟騰飛，主要靠當年蔣介石帶到台灣的黃金；台灣要獨立，先得把那些黃金還給中國。

對於國民黨帶到台灣的那些「神秘黃金」到底用在了哪裡，擔任過中央銀行副總裁的陳師孟曾去過位於新店山洞的「金庫」查看。他說當年蔣介石帶去的黃金，估計只有三百多萬兩，迄今仍有不少儲放在架子上，它們形狀不一（因多是當時用金圓券從民間換來），且成色不足（很多只有92%），根本達不到99.99%的可用標準。如果說那些金條對台灣最初的經濟穩定起到了作用，那也多半是心理上的，而並不是在實際經濟活動中。陳師孟曾建議把那些黃金運到瑞士等地成色加工，但被高層否決，擔心泛藍炒作，演變成政治風暴。

身為外省人而支持台獨，在國民黨天下，不僅處境艱難，更會被外省人視為「叛徒」而遭責罵，甚至仇視。台灣人主張台獨還「有情可原」，而外省人支持台獨則「天理不容」。陳師孟曾收到過二百多封黑函，有侮辱恐嚇，有破口大罵，甚至還有威脅要殺掉他全家。有些黑函中還塞有詛咒的冥紙等。陳師孟說，黑函絕大多數來自外省人。就連他家的郵箱都遭殃，被人灌進剩飯剩菜，還有用過的保險套等。他父母也反對他的選擇，母親辭世前還不諒解，勸他「趕快退出民進黨吧」！

但陳師孟對民進黨的支持卻更進了一步。他不僅進入民進黨高層，而且在1994年陳水扁選上台北市長邀他做副手時，毅然放棄了美國公民身分，可謂「捨命陪君子」。在陳水扁2000年當選總統後，陳師孟再次應陳水扁之邀，做了總統府秘書長。但由於他在立法院表示國號、國旗都是可以改的，遭到泛藍攻擊，同時由於內部政策意見相左而離開總統府。

民進黨執政後，由於權力分肥難以均衡，無數台獨前輩、大老、各路曾流血、犧牲、坐牢的英雄等等，都等著分享勝利之後的一杯羹；一不滿足，有人就反戈一擊。諸如民進黨內出現了許信良、陳文茜、施明德等一波又一波的脫黨、倒戈者。但陳師孟失去權力位置之後，卻沒有那種失意和逆反心理，而是繼續熱情、執著地為台灣人仗義執言。在施明德領紅衫軍倒扁時，陳師孟不僅沒有應和，反在台灣發行量最大的《自由時報》發表痛斥施明德的長文，指出藍軍紅軍要用街頭運動推翻民選總統，就是摧毀台灣的民主。該文寫得邏輯縝密、論理透徹，文字也有氣勢，頗有陳布雷之風。

　　陳師孟的「台獨」，不是出於血緣、種族，而是理念認同。所以他顯得比台灣人更「台獨」、更堅定。

　　從陳布雷到陳師孟，祖孫選擇了不同的政黨，走了不同的人生之路。但如果陳布雷九泉有知，以他正直的個性，以及對理想的追求，也沒準兒會贊成長孫的選擇呢！

江霞
「你不像台灣人」

　　跟金恆煒、陳師孟等外省人的故事不同，前《華視》總經理江霞卻是個地地道道的台灣本地人。我聽過的很多「外省人」歧視「台灣人」的故事，其中最能說明問題的就是這位江霞的故事。

　　江霞不僅是知名演員，演過很多電影和電視連續劇（包括中國人熟悉的《搭錯車》台灣原創版），也是台灣政治光譜中「綠營」的名角之一。她出生在台灣，父母都是本地人。在以「外省人」為主的演藝圈中，一個本地人能出人頭地，得付出加倍的努力。江霞曾在紐約台灣會館演講時提到，小時候因為說台語曾被掛牌子，要抓到另一個說台語的，才能把牌子摘下來（給那人戴上）。所以她從小就努力練習說北京話，即所謂國語，學會「捲舌」。我曾多次跟江霞同台演講，她的普通話說得比我標準多了。由於她的「國語」字正腔圓，人又長的漂亮，所以演藝圈裡的外省人就這樣誇她：「你不像台灣人。」江霞的先生是外省人，先生的一位長輩對江霞的誇獎則是：「江霞人不錯，可惜是台灣人。」

　　聽到這段，我想起藏人朋友扎西頓珠在紐約給我講的一個類

似的故事：他曾在中國成都華西醫科大學念書，有一次對教授的提問，班上的漢人學生都答不出，只有扎西給出了正確答案。那位漢人教授則誇獎說：「你看，連他都答上來了」。扎西說，這種「誇獎」他一輩子都忘不了。

在國民黨專權時代的影視劇中，台灣人大多只能飾演司機、傭人等角色。聽江霞講這些，我想起法國巴黎大學的台灣問題專家高格孚教授（Stephane Corcuff）的專著《風和日暖：台灣外省人與國家認同的轉變》。其中寫道，在台灣外省人作家白先勇的小說集《台北人》裡，「台灣籍人物大都是流氓、小偷、傭人、妓女及精神異常的人。」這位法國學者質問：這種寫作方式是不是表達了「當時一般外省人看待台灣社會的認知偏差」？

過去這二、三十年，由於中國經濟的發展，很多台灣演藝圈的人都跑去中國尋求發展商機。不少原綠營的藝人都趕緊趕慢地跑去中國，刻意說些共產黨喜歡聽的軟調，以擴展自己的發展空間。台灣《玉山週報》曾刊出一個整版，列出去中國發展的原綠營藝人。在全版綠營藝人中，只有兩個還堅持在台灣，絕不去中國，其中一個就是江霞。

江霞難道「仇視」中國人嗎？她對兩名中國藝術家的幫助不僅展示了建立在理念基礎上的美好友情，更完全超越什麼台灣人、中國人的概念。那是在2004年台灣總統大選期間，中國盤古樂隊的主唱敖博和樂手段信軍被邀來台演出。由於演出結束時喊出支持台灣，結果他們在中國的家就被警察抄了，沒法回去了。但台灣不給他們政治庇護，所以只好暫去泰國。有風聲說中共要

把他們綁架回去，所以他倆在泰國躲藏，生活不易。

來自中國的藝術家能超越狹隘的大中國情結，勇敢地發出支持台灣人民選擇權的正義之聲，那份膽量令人感佩。後來有一次跟江霞的先生、知名室內裝潢設計家杜文正及另一位房產業朋友溫先生一起喝酒時，我提起這件事，他們倆當場應允幫助，每人出10萬台幣。但那頓酒後，我就沒再提這事，因當晚喝得盡興，沒法判斷他倆是不是酒後說大話。但幾天之後江霞來找我，問把錢交到哪裡。

這筆錢後經一個人權組織轉給了敖博，對他們在泰國的躲藏生活起了很大的幫助。後來他倆被聯合國難民署安排去了瑞典。拿到瑞典護照後，敖博再次去台灣，我在電子信中叮囑他們在台期間給江霞夫婦和溫先生打個電話，感謝他們當年的慷慨資助。結果他們一見如故，成為好友。敖博回瑞典時，江霞夫婦和朋友又資助一筆費用，幫助敖博他們在瑞典的新生活。

敖博的搖滾歌詞中，有一股義無反顧、大義凜然、摧枯拉朽的激情。那種對獨裁專制毫不留餘地的徹底否定，放射出中國的「威武不能屈」、西方的「不自由毋寧死」的精神光芒。這在中國人中是鮮見的。

由於欣賞敖博和段信軍的才華，後來江霞和她先生還把他們請到台灣，提供住房和生活費，讓他們在這個熟悉的文化背景社會安心創作。由於他們的落地簽證是30天，那時按台灣法律，到期就必須離境一次，不能就地續簽（後來改成落地簽證90天，仍是到期必須出境一次）。結果他們每月要離境一次（去泰國或香

港），往返機票等費用，都是江霞等朋友提供。他們這樣往返，在台灣住了一年多。

有一個細節讓我和妻子很感動。在2011年五都選舉時，我們到台灣觀選。當時敖博他們也正在台灣，我和他們也是第一次見面。一次到敖博住處，我們在觀看他們製作的搖滾節目，江霞卻去查看他們冰箱裡缺少什麼食物。那種關心的勁頭，像一個母親在關愛自己的兒子。

他們之間，哪還有什麼台灣人、中國人之分？連結他們的，是相互的尊重、相互的欣賞，和對一種共同理念的追求。在這個前提下，才有和睦、美好的存在。

救了無數男人的
王敏昌

　　過去這十多年來，我時常在美國的台灣人社團做一些演講，和台灣朋友們一起探討台灣前途。每次在加州洛杉磯以及附近城市的演講中，都能看到一位非常紳士的先生，在漂亮的太太陪伴下坐在觀眾席中。有一次講完大家在一起聊天，不知一個什麼話題引起我和妻子談起了我們非常欣賞的美國作家安‧蘭德（Ayn Rand）。以往的朋友中很少有人知道這個在美國人中非常有名，但由於被學界排擠，而很少有華人瞭解的作家。但畢業於台大外文系的葉秀卿女士不僅知道安‧蘭德，而且讀過她的名著《源泉》，很喜歡，於是我們的談話越發投機。

　　交談中我妻子談到安‧蘭德研究所就在離洛杉磯不遠的Irvine，一直想去看一看。秀卿說她家就離Irvine不太遠，於是秀卿和她的先生王敏昌一起陪我們去拜訪了安‧蘭德研究所，一了妻子多年的心願。隨後敏昌夫婦又介紹尼克森圖書館就在他們住的Yorba Linda市，於是我們又一起參觀了尼克森圖書館。其中一個小插曲還頗有意思。

　　在參觀尼克森圖書館時，有一位館員問我們是從哪裡來的。秀卿說，他們倆來自中國，我們倆來自台灣。這位館員很瞭解所

謂尼克森打開中國大門之說，也知道台海兩岸的隔閡。他對我們這兩對來自兩岸的夫婦能和睦相處、一起參觀尼克森圖書館感到很高興，並討好我們說，中國和台灣一定會統一。不料秀卿馬上反駁說，台灣不會和中國統一，台灣不是中國的一部分，台灣會獨立！

秀卿善言談，卻對沉默寡言的敏昌頂禮膜拜。交往多了，才知道這個從來不張狂、不多言語的王敏昌是個了不起的科學家，他挽救了無數男人的生命！因為著名的檢測男性前列腺癌的PSA，就是他的發明。

前列腺癌是男性最常見的癌症之一，在美國，據加州癌症基金會的報告，約六分之一的男性都會被診斷患有前列腺癌。但在所有癌症中，前列腺癌相對來說不那麼讓人嚇得半死，主要就是因為靠王敏昌發明的PSA，可以早期發現，其準確率高達98.99%。人們能隨口叫出的很多美國名人，都得過前列腺癌，多年過去了，人還活得好好的，皆因PSA的早期發現。像前紐約市長朱利安尼、前美國國務卿鮑威爾、領導美軍打贏了伊拉克戰爭的史瓦茲克夫將軍、前共和黨總統候選人鮑博‧杜爾等等。

王敏昌的發明之路，甘苦寸心知。他是高雄鳳山人，1961年畢業於台大農化系，後到加拿大的阿爾巴達（Alberta）大學留學，在知名癌症專家 Patterson 教授的指導下，專攻癌症化療藥物，拿到博士後，被導師推薦到美國頂尖的Roswell Park癌症研究所及醫院當研究員。他主持PSA的研究，一做就是十年，終於成功，並在1984年獲得專利。

但即使在台灣人社會，當時也很少有人知道，這項挽救了無數男人生命的PSA測試是台灣人王敏昌發明的。一是因為敏昌向來低調，保持著台灣人那種憨厚、誠實、不誇張矯飾的本色。二是他雖為主要研究和發明者，但他花費大量時間和苦心撰寫出的「研究基金申請書」，卻被用其上司（系主任）之名去申請。幸虧在申請專利時，美國專利局規定申請者必須是「創意」（new idea）的提出者，或是真正「做實驗」的人，這樣專利證書上才有了王敏昌的名字，但同時卻又被加進一個上司的博士學生。敏昌表示，這個博士只做了很少的PSA研發工作，但這個上司和其博士生卻搶功勞、爭風頭、拿獎牌。面對這些不公平，敏昌不去爭、不去奪，他說，反正同僚們都知道，這是他的研究心血結晶。他是那種不善於爭奪、也不熱衷宣揚自己的科學家。全世界有那麼多病人得益於這項發明，他就滿足了。他說，榮華富貴，都是過眼煙雲，造福人類和健康最重要。

　　在和敏昌的交往中，他從未談過自己的「偉大發明」，是秀卿為自己的丈夫感到驕傲，給我們做過介紹。敏昌談起的，從來都是台灣。做為台灣人，敏昌夫婦雖然多年生活在美國，但仍非常關心台灣。我每到南加州演講，他們夫婦不僅都來聽，還熱情地說，他們來做「司機」，有好幾次都是他們夫婦機場接送。敏昌駕車，就像他為人和科研一樣，謹嚴、穩當、認真，而且從來都很守時。

　　最後一次跟敏昌見面，是聽到他患了膽管癌，我到加州柑縣演講後，由好友、《台灣e新聞》主編Jenny Tsai駕車，帶我直奔

王敏昌的家。看到敏昌，一陣心酸。他明顯消瘦了，身上插著導管，懷裡抱著水袋。但他精神仍好，竟跟我談了好久。談228他父親被抓，談他初中時就「覺醒」，知道國民黨獨裁，因中學老師被關，蔣介石到當地的陸軍官校視察，到處都戒嚴，他們這些孩子都不准出門，更不能到山上去玩。他說，中學時雖被灌輸「三民主義」，但他是個「很會想的人」。

　　本來以為見到他，會談些有關健康的問題，但敏昌卻一直談台灣。看到他很費力地講話，真是很不忍，但他那些語重心長的心裡話，真可謂是給台灣人、給所有人敲一記警鐘。他強調說：國民黨明顯傾中，台灣的前途令人擔憂；可有些台灣人，看到近利，沒有看到遠利；看到近利，沒有看到遠禍；這就像抽煙致癌一樣，不管有怎樣警告，有些人照抽，因為不會馬上死；癌症是積累二、三十年才發生的。

　　自1996年台灣首次總統直選，每次大選，敏昌夫婦都回去投票，當然都是投綠營的候選人。敏昌當時對台灣的局勢憂心地說，國民黨有錢、有組織，綠營又不團結，假如馬英九聯共，台灣被中共拿去，對台灣是災難，對中國人也不好，因為台灣繼續民主，對中國人是個啟示，台灣能，為什麼中國不能？

　　看著這個虛弱、講一會就要休息一下的人，在生命的如此階段，還這麼關心台灣，關心那塊養育他的家園，真是讓人十分感慨。一個發明了癌症測試方法、挽救了無數病患的人，今天，他自己卻進入生死關頭。他仍牽掛著台灣的前途，牽掛著與他共同度過了四十多年風風雨雨的妻子秀卿。在打電話向秀卿詢問敏昌

的病情時，秀卿就一直說，敏昌是天下最好的男人、最好的丈夫、最有善心的人。而敏昌談到自己的妻子，也是讚不絕口，說秀卿是最漂亮，最能幹的太太。當然秀卿不僅是人長得漂亮，為人熱情坦率，更是持家能手，他們家幾乎一塵不染，每一個地方的擺設，都可看出女主人的匠心和細心。熟悉他們的朋友都知道，他們倆幾乎形影不離，總是出雙入對，是一對典型的恩愛夫妻。

2012年8月，敏昌終究沒能戰勝癌症，離開了他摯愛的妻子和我們大家。當時美國的台灣人各界社團領袖等200餘人組成治喪委員會，主任委員是廣受敬重的彭明敏前資政，兩位副主委是德高望重的台灣人科學家廖述宗教授和海外台灣人意見領袖吳澧培資政。王敏昌追思委員會的聯署名單，在北美《世界日報》、《美洲台灣日報》、《太平洋時報》等，都刊登了一個整版。洛杉磯台僑領袖李木通先生當時感嘆說，從沒有看到海外台灣人有這樣規模陣仗的追思和悼念活動。

敏昌去世後，2015年5月英文《亞洲泌尿外科雜誌》（*Asian Journal of Urology*，該刊的22名資深主編，絕大多數都是美國等西方學者）發表了題為〈評論PSA的研發〉（Comment on the discovery of prostate specific antigen）的社論，指出：因為該雜誌的新加坡社論編輯推薦，發表了美國西北大學醫學院泌尿外科專家、本身也對男子前列腺癌的研究做出貢獻的國際權威William J. Catalona博士的文章〈發明PSA的真正故事〉，他們才得知美籍台灣人科學家王敏昌是PSA的研發者。令人遺憾的是，王敏昌

博士發明了PSA，卻鮮爲外界所知，所以他們雜誌特意就此發表社論，以激勵更多的年輕學子，像科學家王敏昌那樣，爲亞洲人爭光。

這是一個台灣人的故事，這更是一個似乎默默無聞，卻是真正爲人類做出了不起貢獻的、真正的英雄的故事。敏昌，所有做過PSA測試的男人們都感謝你，所有愛那些男人的人們，還有他們的子女們，都感激你。你的名字將永遠留在科學家的歷史中，在台灣人的記憶中，更在那些因爲你的發明而延長了生命的倖存者的感激中……。

輯六

觸類旁通的新角度

與台大黃光國
辯台獨

前些年有一次在民視《頭家開講》節目中，就台灣獨立問題，我曾和台灣大學心理學教授黃光國進行辯論。當時我強調台灣應走美國模式的獨立建國之路，黃教授反駁說，美國離英國太遠，能獨立成功；而台灣離中國太近，沒有可能。我馬上反問，東蒂汶距離印尼不是很近嗎，怎麼獨立了？這位教授則回答不了。

其實美國當年能夠獨立建國，距離英國遠近並不是主要原因。當年美國的情況和今天的台灣有很多相像之處，所以美國的獨立之路，對台灣有重要的借鑑意義。

幾年前，一本寫美國獨立戰爭的書《1776》在美成為暢銷書，連續10週在《紐約時報》暢銷榜非虛構類排名第一。書名取自美國獨立年，記載當年美國獨立的艱難之路。一本寫歷史的書能上《紐約時報》暢銷榜首並不多見，主要因作者麥卡洛（David McCullough）是名家，這是他的第十本歷史專著，之前他寫美國總統亞當斯和杜魯門的傳記等，曾獲過兩次「普立茲獎」，兩次「全美圖書獎」。

除了他是名家之外，這本書也寫得引人入勝，翔實生動地記

載了美國的建國先賢們，如何不畏強大的英國，勇於領導獨立建國的感人歷史。該書從1775年英國王喬治三世在國會發表演講、宣告對「美獨」必須鎮壓寫起。麥卡洛在序言中說，1776「見證」著：那些少數的勇敢者，給美國建立了紀元，我們後人對他們必須感恩。

在美國獨立前，這個由13州組成的英國殖民地，很多情況和今天的台灣類似。當時13州是由各種移民組成，英國移民占四分之三，所以他們不僅沒有自己獨立的意識，反而在血緣上、情感上把自己視為「美洲英國人」。正如在台灣，曾有很多人認為自己是「在台中國人」一樣。

英國外來政權的統治，使英格蘭文化占主導。這也和台灣的情況相像，中國文化占統治地位。即使今天，很多台灣的街名地名，還是蔣介石家族從中國帶來的。據報載，今天台灣的街道以蔣介石的名字命名的「中正路」還有150多個。當時英國的地名也被原封不動移到北美，如曼徹斯特、巴爾的摩、伯明瀚等鎮名，英國皇室成員的名字也被用到地名上，如詹姆士敦、紐約、查理斯敦、伊莉莎白等。北美的政府公文和民間交往，人們普遍使用英語。正如台灣至今還普遍使用北京話一樣。英國也有意文化統治，倫敦出版的《新英語初階》課本，在美洲的小學中使用多年。因美洲大陸開發較晚，沒有多少自己的文化歷史，所以他們只有接受英國的東西。他們在意識深處也把自己跟英國人等同，認為英國是「母國」。在心理上，他們早就認可「一個英國原則」。

那麼美國人當年怎麼走出這個「一個英國」、「我們都是英國人」的思路的呢？他們採取的策略，和今天推動台灣獨立正名者一樣，也是兩路並走：民主化和本土化。當時的美國先賢，主要口號是反對英國暴政，要做自由人！通過自由意識，促成國家認同、命運共同體的甦醒。

　　麥卡洛在書中特別強調了潘恩（Thomas Paine）的重要作用。潘恩是一位英國人，卻來到北美，鮮明而強烈地支持美國獨立。在1776年初，他發表了《常識》一書，強調美國獨立是天賦人權，是遲早要發生的必然趨勢；美國從英國「分離」是基於一種簡單的事實和「常識」──北美人民沒有必要繼續接受外來政權統治，解決英美危機的最佳途徑是美國獨立，在美國這塊土地上生活的人民有權決定自己的命運。他呼籲人們與英國決裂，拿起武器反抗，獨立建國，把「一個與眾不同的獨立國家留給後代」。連「美利堅合眾國」這個名字，也是潘恩最早喊出來的，所以他被稱為「獨立戰爭的號手」。

　　當時美國才有二百五十萬人口，潘恩的《常識》在三個月內就賣出十二萬冊，最後銷售了大約五十萬冊，是當時僅次於《聖經》的、影響力最大、傳播範圍最廣的一本書。按其銷售和人口比例，等於今天在台灣有一本書賣了四百八十萬冊！

　　其實潘恩在《常識》中強調的，就是奠定英美自由主義基礎的近代英國思想家洛克的天賦人權思想，只是潘恩把它表述成一種常識化、口語化、淺顯易懂的文字，再加上他的演說激情、富有煽動性，所以更容易被大眾理解和接受。潘恩的名言是：「你

們這些不但敢反對暴政而且敢反對暴君的人，請站到前面來！」連美國的開國元勳喬治‧華盛頓也是被潘恩的《常識》說服和打動，他給朋友寫信說，「我們必須和英國政權一刀兩斷。」

但當時美國內部並不是都贊成獨立。在第一次13州代表會議上，就分成統獨兩派，「統派」仍對英王抱有幻想，反對為獨立而戰。後來部分統派組成軍隊，跟英軍聯手打擊華盛頓領導的獨立軍。即使在英軍被打敗、從波士頓撤到海上時，還有一千多名效忠英國者，站在岸邊送行和哭泣。

對美國要民主化和本土化的思想，則被當時北美13州的絕大多數人民所接受。當時潘恩以及《獨立宣言》的執筆者傑佛遜等啓迪北美人民的主要方式，主要是強調兩點，即認同民主價值、認同美國這塊土地，而不是追溯血緣、地緣。即使到今天，美國仍保持了當年的傳統，不管從哪裡來的移民，不管早來晚到，只要認同美國，接受民主價值，就是「美國人」！今天新時代的台灣公民，不是根據地緣，更不是根據血緣，而是根據公民意識和國家意識。公民意識，就是要接受民主的原則，認同民主，才會成為公民，而不是暴民和順民；國家意識，就是要熱愛居住的土地，認同台灣這個國家。公民意識和國家意識，就是民主化和本土化的體現。

但當年美國的「兩化」之路，也走得非常艱難，因當時美國沒有任何正規軍隊，而面對的是大英帝國。當時美英的軍事差距，比今天台海兩岸大很多。華盛頓招募的獨立軍從沒打過仗，更無軍事訓練，用華盛頓的話說，「營地上全是武裝起來的老百

姓，而不像是一支軍隊。」所以戰爭之初，華盛頓的獨立軍一敗再敗。最少時，華盛頓手下只剩三千軍隊，而英國僅從德國招募的僱傭軍就有一萬七千，正規軍超過三萬。

當時潘恩寫出第二本振奮北美人民精神的書《危機》，他宣稱「這是考驗一個人靈魂的時刻，那些堅守的勇士，應得到人們的愛和感激」。華盛頓下令向士氣低落的軍隊宣讀《危機》以振奮人心。華盛頓在日記中寫道：「那成千上萬還沒有出生的美國人的命運，在上帝之下，就取決於這支軍隊的勇氣和行動。」雖然華盛頓的軍隊不是正規軍，但那些勇敢地爭取獨立和自由的美國人，他們多會打獵，戰術靈活，是出色的游擊戰士。他們強烈追求自由和獨立的精神使他們絕不向英軍屈服。正是這種精神，使華盛頓的獨立軍越戰越勇，最後反敗為勝，把美國獨立戰爭譜寫成「一部充滿反抗、失敗、堅持、勝利的英雄史詩」。

麥卡洛在美國電視上談論他的新書時，比較華盛頓和傑佛遜兩人對美國獨立的貢獻時以毫無質疑的口氣說，當然是華盛頓，因為他直接領導了獨立戰爭；而且在最艱難之際，華盛頓獨撐局面，獨立做出重大決定，他的貢獻是獨一無二的。

今天台灣的局面和當年的美國非常類似，也需要傳播「常識」：第一個是，兩千三百萬台灣人民有權利決定自己的命運，有權利正名制憲，使台灣成為一個完全正常的獨立國家。這個權利不屬於任何外來政權的殘餘，更不屬於台灣之外的任何政治力量。另一個是，無論將來台灣和中國形成什麼樣的關係，台灣都不可能把總統府的牌子摘下來，換成省政府，只能是在一邊一國

的兩國基礎上發展關係。這是一個不可阻擋的歷史趨勢,也是台灣多數人民的必然選擇。就像當年大英帝國無法阻擋美國人民自己當家作主一樣,就像世界任何一塊土地上的人民都要主宰自己的命運一樣,台灣人民的獨立建國之路,也是任何力量都無法阻擋的。

扁案這碗麵裡的
臭蟲

　　十多年前，在美國那個著名的辛普森涉嫌殺人案中，當時洛杉磯檢方查獲大量辛普森殺人的證據。案發後，辛普森還駕車逃跑，並用槍頂著自己腦袋，想自殺。但在眾多確鑿證據下，辛普森卻被判無罪。因為辯護律師引用了這樣一個取證原則：「一碗麵裡的一隻臭蟲。」這是一個比喻：我們吃麵條時，如在碗裡發現一隻臭蟲，絕不會再去找第二隻，而是把整碗麵都倒掉。在司法中，如檢方有不法取證、違背無罪推定原則，那麼無論他們已掌握多少確鑿證據，這個案子也無法成立。

　　辛普森的辯護律師指出並證明：司法人員在偵查過程中，有些關鍵證據的取得明顯不合程序，甚至故意要給嫌犯定罪。而且那個涉嫌移動了證據、參與辦案的白人警探有過種族主義言論，被認為出於歧視而栽贓。於是，由於一、兩樣證據不是合法獲得，結果所有的證據都不被陪審員採信，辛普森獲判無罪。

　　美國司法的這種做法，就是要最大限度地保證嫌犯的個人權利，最大程度地制約檢方濫權。因為嫌犯做為個人，一旦落到代表政府權力的警方、檢方手裡，如果他們濫權，其對個人權利的危害，是遠比個案犯罪要嚴重得多的問題。

德語作家卡夫卡的著名小說《城堡》和《審判》中所描繪的，就是個人面對巨大的權力那種完全的無奈、無望，只有被宰割和踐踏的命運。對於個人權利意識相當強烈的西方人來說，在保護嫌犯、甚至罪犯的權利和容忍司法濫權之間，他們必定選擇前者。而對習慣專制制度、個人權利意識淡漠的亞洲人來說，經常是在對涉嫌犯罪的行為痛恨的同時，忽略甚至完全不顧嫌犯的個人權利。

今天台灣前總統陳水扁一案，已遠不是「一碗麵裡一隻臭蟲」，而是滿碗都是「臭蟲」：首先，檢方明顯違反「偵查不公開」原則。扁案曝光後，媒體上的爆料，幾乎都是只有特偵組才能掌握的細節。所以早有司法專家指出，這是輿論定罪，完全違背「無罪推定」的法治原則。其次，檢方押人取證，用隔離恐嚇、帶手銬、剪長髮等摧毀嫌犯人格尊嚴的手段，獲取口供。

後來公布的扁案起訴書，不僅其煽情、渲染、個人攻擊的情緒化語言像討扁檄文，而且多處提到關鍵的賄款金額時，都是空格，顯示早在結案前起訴書就已寫好，是定罪在先，取供於後。這種手法，讓人想到當年主張台獨（提出改國號為「中華台灣民主國」）的雷震被關押後，蔣介石就下令定調，甚至包括判刑幾年。今天對扁案，給蔣家做秘書出身的馬英九總統，早在起訴前就定調扁是「馬可仕」（菲律賓的獨裁貪腐總統）。所以才有八個特偵組檢察官在記者會誓言，辦不出結果就下台，等於公開回應「最高領袖」的定調。僅這一條，這個案子就是政治案。

同樣是面對司法濫權，但陳水扁案和辛普森案還有很大不

同。首先扁案不是殺人，也不是南韓全斗煥、盧泰愚那種政府血案。其被控的犯罪行為，有相當的司法認定空間。這裡有幾個制度層面的問題：

第一是國家層面，由於台灣半個多世紀的國民黨專制，政商之間那種剪不斷、理還亂的關係已成為一個惡劣的傳統，政治獻金和賄賂之間的判斷的確十分困難。所以檢方濫權判案的餘地十分大，而且已經在做：送錢者不當賄賂者處理，而接受者則按受賄者起訴。

第二是民進黨內層面，政治獻金到底是給個人的？還是給政黨的？怎麼可以沒有區分？民進黨內很清楚，政治獻金多數到了陳水扁那裡，所以搞活動或競選需要錢就去扁那裡要。一個政黨，沒有嚴格規定，把黨產和個人資產分開，簡直不可思議。這當然會造成一個巨大的模糊空間。有模糊空間，就會出問題。這裡面陳水扁有沒有責任？當然有。民進黨本身更有責任，一個黨不確立一套完善的財政制度，可以任黨主席個人隨便接受和支配政治獻金，不出問題才怪。但今天，侵吞億萬國家財產（不當黨產）的國民黨政府，拿這兩個制度層面的嚴重缺陷來清算陳水扁，是沒有任何公平可言的。

其次是文化層面的問題。在美國等西方民主國家，政治獻金都是走支票，來往帳目清晰。而台灣是現金文化、紅包文化。誰要能在這種現金、紅包堆裡理出一條清晰、清廉的從政道路，的確得有點聖人的德行、天才的本領。這個文化層面的問題，台灣大小官員全部心知肚明，結果馬政府拿出一副包青天的氣勢痛宰

陳水扁，不知會不會做噩夢。

第三，在辛普森一案中，檢方的不合法取證，是個別辦案警探，不是檢方的集體行為。而扁案的違反程序正義，是來自整個檢調機構，來自執政黨、總統府。

第四，辛普森案中的歧視問題，只是一個白人警探有過歧視黑人的言論。但在扁案中反映的，是國民黨當局代表的「在台中國人」這個群體對台灣人的歧視。他們對陳水扁上台的不容忍、不接受，世人皆知。在如此嚴重的歧視背景下，再由歧視者一方主導判案，等於是讓三K黨審理黑人案，其荒謬只能令人啞口無言。

第五，辛普森案只有種族歧視問題，卻沒有國家認同的政治問題。而扁案的政治背景像藍天綠地一樣清晰。由認同中國的司法人員審判認同台灣的前台灣總統，談司法公正只能是天方夜譚。如果檢方有種，讓認同台灣的台灣人來審理這個案件。當然，這得等太陽從西邊出來那天。但也有「太陽」出來的時候，憑抽籤得到審理陳水扁案的庭長周占春，是一位公認的公正法官，在台開炒股案中，周占春曾重判時任總統陳水扁的女婿趙建銘，其判決遠重於一般內線交易案。憑抽籤拿到審扁案後，周占春法官經過仔細審理，兩次判決將陳水扁無保釋放，後又在審理二次經改案時，判決陳水扁等21名被告全部無罪。結果，他憑抽籤得到的審理陳水扁案的機會，隨後就被取消了。然後馬英九們主導的法庭，都沒有再憑抽籤，而是直接用行政手段任命了曾在審理馬英九特別費案時全力為馬脫罪（最後當然是判馬無罪）的

蔡守訓法官，取代了周占春。於是上演了馬英九的粉絲來審判馬英九的政敵的司法醜劇。陳水扁後來被判重罪，其實在換法官那一刻，就已決定了。臨時換法官，直接違背中華民國憲法規定的「法定法官原則」，即司法獨立原則（法官抽籤是保障司法獨立的重要手段）。它再次證明，就像前國民黨秘書長許水德說的：「法院是國民黨開的。」他要怎麼審，怎麼判，都當作他的家務事一樣。所以扁案後來還發生國民黨檢察官親自到日本，請回台灣的通緝犯，教唆他對扁案做偽證的荒唐劇。

按照美國法學的「一碗麵發現一隻臭蟲」的理論，扁案已是滿碗臭蟲。但不幸的是，陳水扁面對的不是美國，而是那個可以把他和所有相關人員都吞噬的卡夫卡的城堡和審判。而且更不幸的是，即使今天民進黨勝選，贏得了總統府、立法院、縣市長的多數，綠營完全執政，但對這麼明顯的違背司法程序正義的扁案，也是至今不予糾正，蔡英文政府竟然容忍自己（和藍營一道）把這滿碗臭蟲的麵繼續吞下去！在這個案子上，民進黨再次展示出，它是一個「小國民黨」，因為它的思維和做法，跟國民黨時代沒有根本性的不同。

馮光遠諷刺婚外性
該當何罪

　　與扁案相比，專欄作家馮光遠被立法委員吳育昇控告的誹謗案，雖然沒有那麼嚴重的司法濫權，但因為它涉及言論自由及婚外性等大眾關心問題，也被外界廣為關注。

　　此案的原由是：不久前死刑問題在台灣再次引發爭論，因要執行40多個長期積壓的死刑判決。國民黨籍的立法委員吳育昇對此強力支持，主張應儘快執行。但給《壹週刊》寫幽默諷刺文（並配圖）的專欄作家馮光遠是反對死刑的，他對吳育昇「在廢死議題上搏版面」（指作秀）做法不滿，撰文諷刺時，提到吳育昇不久前帶女人到旅館開房間的婚外性事件（插圖是吳育昇腿前有一把機關槍在開射）。

　　吳育昇告馮光遠和插圖作家「加重誹謗」，索賠二百萬台幣（六萬美元），理由是插圖和文中這兩段話損害了他的名譽：「自從他陰莖在外面亂插一通的醜聞曝光之後，等於已經被判了政治死刑」；處決人犯時，如請吳育昇「用他那善於摳婚外情對象私處的手指頭去扣扳機，一定很轟動」。

　　該案在吳育昇提告後，檢察官又提出公訴，理由是，馮光遠的這兩段話「逾越合理評論的必要」，所以要追究刑事責任。此

案再次凸顯台灣在誹謗案的審理和標準上，至少在四個方面落後於美國等西方國家。

第一，刑事追究完全落伍

台灣的誹謗案，至今仍然有刑事追究，如定罪，要收監服刑（如判六個月以下，則可易科罰款，把刑期折成罰金；如超過半年，或交不起罰款，就得坐牢）。而美國等西方國家對誹謗案早都廢除刑事追究，只是民事官司，定罪後僅罰款而已。而且因是民事糾紛，開庭時當事人不是必須出庭。

第二，審理標準籠統模糊

這兩段嘲諷政治人物的話以及所配的插圖，雖然是趣味非常低級，但檢察官提出的「逾越合理評論的必要」是根據什麼標準？什麼叫「合理」？什麼叫「必要」？什麼叫「逾越」？都是抽象名詞，缺乏明確的法律界限。這樣就給了要定罪者最大的權力空間，因他可自行解釋。

而在美國，最高法院早就誹謗案做出清晰、明確的規定，原告必須提出三種證據：第一，與事實不符；第二，當事人名譽、利益實質損害；第三，被告有「事實惡意」，即事先知道不是事實，或不加核實而有意陷害當事人。

而按這樣的原則，吳育昇告馮光遠案，在美國一定敗訴。因為第一條（與事實不符）就無法通過。吳育昇帶女人到旅館開房事件是他自己已經承認的事實。第二條，美國法官裁決的「名

譽、利益受損」是指因此妻子離婚、丟掉工作等「實質性」的，
而非泛泛的自我感覺名譽受損。前兩條都達不到，那就更別談
第三條，因為吳育昇更無法證明，這個諷刺文作者是「有意陷
害」。

第三，沒有區分名流和普通人

台灣在審理誹謗案時，沒有把官員、名人等跟普通人區別對
待；用同一標準，結果經常是保護了權力者。

而在美國，要求必須提出三種證據的原告，明確是指政府官
員和公眾人物（public figure），而普通人則不受這個限制。目
的就是不要讓官員和名人輕易打贏誹謗官司，從而確保言論和新
聞自由。但普通人則不可隨便被誹謗、名譽被損害。官員和名人
做為公眾人物，他們有機會在媒體上為自己澄清；雖然澄清後他
們的形象可能還是因此蒙陰影，但寧可讓官員和名人付出這個
「代價」，也不要使評論權力人物或公共議題的討論等言論自由
受損。

吳育昇索賠兩百萬台幣，主要理由是這篇插圖和那兩段文字
造成了他的「精神痛苦」。但對名人遭諷刺、嘲罵而導致的「精
神痛苦」是否賠償，美國最高法院也早就做過裁決。

在著名基督教佈道師福爾韋爾（Jerry Falwell）控告成人雜
誌《好色客》（Hustler）誹謗一案中，最高法院的裁決精神是保
護模仿、嘲弄公眾人物的權利，即使這種嘲弄舉動是「極端無禮
的」，甚至給被嘲弄的人造成了極大的精神痛苦。

福爾韋爾牧師的控告，是有相當「理由」的：第一，那家雜誌刊出的採訪整個是編造的，他根本沒有接受過採訪。第二，他在「採訪」中說自己性生活的「第一次」是喝醉後跟自己的母親。採訪是假的，這個亂倫之說，當然也完全是編造的。福爾韋爾牧師認為，這是對他「蓄意造成精神痛苦」，索賠四千五百萬美元。

　　但美國最高法院最後判決福爾韋爾牧師「敗訴」。理由是，這篇「採訪記」是刊登在這本雜誌的喝甜酒的系列廣告中，是一種模仿嘲弄。

　　福爾韋爾牧師提出這家雜誌應對這種「極端無禮」的諷刺負責，但最高法院認為「是否極端無禮」，在法律上難以訂出可區別的原則標準，怎麼訂，都會損害言論和新聞自由。大法官強調，縱觀整個美國歷史，「圖文描述和諷刺性漫畫，在社會和政治辯論中發揮了突出的作用。」「即使發言人的意見冒犯了他人。」美國憲法第一條修正案的核心價值是「政府在理念市場中必須保持中立。」也就是說，政府不能出面懲罰「言論」，而應保持「思想市場」的開放和自由流通。

　　在美國刊物上，還曾有過這樣的漫畫，裸體的尼克森總統跟自己的女兒在「做愛」（尼克森父女頭像被移植到赤裸的男女身上）。這不僅是「極端無禮」，而且是「有意侮辱」。但尼克森沒有去打官司，因為他知道根本打不贏。雖然這種畫面粗鄙、不雅，但那是應由媒體評論來檢討和批評的，而不能用法律來處罰。

第四，沒有重視保護「公共議題」的討論

馮光遠的諷刺文章，主要內容是討論「死刑問題」。吳育昇主張死刑，而馮光遠不滿，所以用漫畫嘲諷。死刑是重大的公眾議題。在美國，最高法院審理「誹謗案」時，非常重視案件本身是否涉及「公共事務」（public matters）。如墮胎、同性戀、槍支、死刑等等，裁決一般都傾向言論和新聞自由。

例如，一個在伊拉克戰場陣亡的美國士兵是同性戀，在家鄉為他舉行葬禮時，一些基督教會成員舉著寫有「同性戀該死」等的牌子抗議。後來該士兵家人起訴誹謗，2011年美國最高法院做出裁決：舉牌的教會人員無罪。主要理由是：他們牌子上寫的問題涉及公共事務。雖然他們在人家葬禮之際舉牌，牌上寫著「極端無禮」的言論，但大法官認為，軍中同性戀問題，是公眾話題，不能因為他們在葬禮旁的抗議行動令人不快而用法律懲罰、窒息公共議題的辯論空間。美國最高法院首席大法官羅伯茨（John Roberts）在裁決書中特別強調：「做為一個國家，我們選擇了這樣一條道路，保護那些在公眾議題上甚至有傷害性的言論，來確保對議題的公開辯論不被窒息。」

而在以往的最高法院裁決時，大法官就強調：「關於公共問題的辯論應該是無拘無束的、熱烈的和完全公開的，對政府和政府官員可以進行激烈而又尖刻的批評，有時甚至是令人不快的猛烈攻擊。」

馮光遠的諷刺文章，題目是〈一些跟王清峰辭職有關的聯

想〉，主要是評論台灣法務部長王清峰因「廢除死刑」爭議而辭職事件。該文開篇說：「是否要廢除死刑這個議題，本來應該是個需要嚴肅討論、充分溝通的大題目，可是在某些政客的操弄下，卻成了一場鬧劇。」所以，該文的主要關注點是「死刑」存廢。

在美國，涉及這樣的公共議題，其言論自由絕對會被保護，不會因其文字是否刻薄、粗俗、令當事人「痛苦」等，而用法律懲罰。因為這樣「懲罰」的結果，就等於殺一儆百，造成寒蟬效應，最後大家都小心翼翼，甚至自我新聞檢查，不敢就重大公共議題自由發言，這樣對整個社會造成的損失，遠大於令那個當事人不快甚至痛苦的代價。

最後國民黨立法委員吳育昇撤了案，倒不是他懂得了上面談到的這些道理，也不是台灣法庭會採用美國的誹謗案原則，而是可能因為，如果這個案子一直打下去，他的性醜聞，就會由於媒體報導他的誹謗官司而更廣為人知。他為了顏面撤訴，但卻把台灣誹謗法的陳舊再次展示在世人面前。

李筱峰罵小丑
在美國怎麼判

同樣是評論家，馮光遠因為吳育昇最後為保顏面撤訴而逃過一劫，而另一位評論家李筱峰就沒有這麼幸運了。幾年前，他因為批評國民黨立委蔡正元時使用了「厚顏無知、政客的居心之惡毒與陰狠、卑鄙」等字眼（卑鄙一詞，還是李引用蔡的同黨人士批蔡之語），結果被判有罪。當時我曾憤怒地撰文抨擊說，台灣的法官是否應出版一本「字眼法典」，告訴天下評論家，哪些形容詞可用，哪些屬誹謗？誹謗是指「事實指控」，而不是抽象的主觀評論。在美國等西方國家，專欄作家的評論，對那些權力者，怎麼痛罵、貶損，使用什麼形容詞，都沒看到有被起訴的情形，更別說因此定罪了。蔡是立委，還曾是國民黨文傳會主委，當過兩屆泛藍總統競選總部發言人，權傾一時。如果政治評論對這樣的權力者使用什麼詞，都要追罪判刑，哪還有言論和新聞自由可言？

李筱峰的評論文章是發表在傳統媒體上，而今天隨著網絡的發達，信息的暴增，尤其個人臉書的大量湧現，更帶來言論界限、甚至法律責任的爭論。在網路上匿名攻擊或詆毀，甚至造謠中傷，是不是可以法律追究？或者能不能通過網路公司，查到這

個匿名者的真實身分，由此制約網路惡習？而網路「詆毀」或「誹謗」的界限又應該定在哪裡？這些，都是今天新科技的網路傳播時代面臨的問題。

　　美國是全球上網人數最多的國家之一，也是最強調法治的國家，那麼網路攻擊等，在美國要怎麼處理？不久前美國法院審理的一個案件，為此提供了一個觀察的角度和司法先例。

　　事情的起因是，2009年，在紐約讀書的美國亞裔女生波特（Rosemary Port）在Google上設有「個人博客」，但是匿名的。她在博客上抨擊登上《時尚》雜誌封面的加拿大模特兒科恩（Liskula Cohen）是「紐約市的婊子」，「有精神病、撒謊、爛貨一個」。

　　科恩女士在波特所在地的紐約法院提出法律訴訟，控告波特博客的內容玷污了她的「形象、健康和性行為」。紐約州最高法院受理了此案，在審理時，法官要求Google公布這個匿名博客的真實姓名，Google公司服從了法庭的要求。當人們知道這個博客是波特後，又有人把波特的照片也公布到網上，由此波特的匿名面具被完全摘掉了。

　　波特因此指控Google沒有保護她的個人隱私權，宣稱要起訴Google，索賠一千五百萬美元。熟悉美國歷史的波特還特意引證說，美國建國先賢麥迪森、漢密爾頓等三人，當年就曾用筆名「Publius」發表過大量文章，今天，她是繼承這種言論自由的傳統。

　　此事在英文網路上引起了熱烈的討論和爭論，也引起媒體的

關注。美聯社、紐約《每日新聞報》等都報導了此事。由於事涉加拿大一名模特，加拿大全國發行量最大的《環球郵報》還特意就此發表了一篇社論，題目是〈筆名和『婊子』〉（Publius and the 'skanks'）。

匿名博客有沒有「隱私權」？《環球郵報》的社論認為，「通常情況下，法律不禁止匿名寫東西，同樣，匿名的人也沒有法律權利不讓別人知道自己是誰。」這家加拿大主要大報強調說：「雖然在中國和伊朗這樣缺少民主的國家，匿名的博客常常會給社會帶來好處，但是在加拿大和美國這一類依法辦事的國家裡，博客們就必須對自己所發表的言論負責。」

在有充分言論自由、實行法治的美國和加拿大等國家，博客要匿名，明顯是要逃避言論責任，等於是要躲在角落裡射暗箭，這本身就是一個膽小鬼的行為，或有陰暗心理。因為他不敢光明正大地發表言論，承擔文字的責任。

《環球郵報》的社論強調，波特把她在匿名網路上的言論，跟美國先賢當年用筆名發表的文章相提並論，更是不恰當的。因為當年麥迪森和漢密爾頓等三人用「Publius」的名字，發表的都是對美國憲法草案的評論，後來這些成為美國憲政歷史上的重要文獻。「Publius這個羅馬詞，本身就明顯是指人們寫跟公眾事務（Public）有關的事情。」這些文章討論的是國家大事，「推動了美國民眾對憲法的認可」，屬於公共利益範疇。而且「麥迪森等人所以用的筆名，是為了將他們的觀點集中起來，三個人用一個筆名來闡述共同的觀點，而不是為了保護自己不受政治迫害和

不吃誹謗官司」。

而波特針對一個模特兒所發表的言論，不僅跟公眾利益沒有什麼關係，而且用匿名，明顯是要躲在暗處，逃脫言論的責任。因此《環球郵報》的社論說：「網路既不能凌駕於法律之上，也不能鑽法律的空子。」

但對於波特使用「婊子」、「爛貨」、「精神病」等用語，是不是就等於「誹謗」？這在網路上也有爭議。有網民認為，這不應該被視為法律意義上的「誹謗」；因為如果把誹謗定義得非常狹窄的話，那麼以後大家在網上也不敢隨便罵別人是「asshole」（蠢蛋）了。「婊子」、「爛貨」等詞，當然屬人格攻擊用語，但它和指控別人「偷東西、殺人」等有實際內容的誹謗不一樣；它是抽象的人格貶損、斥責。這裡有一個抽象和具體的區別。而且科恩是知名的模特兒，屬於公眾人物，她要告人誹謗，就要以美國最高法院曾確立的「三原則」為判案根據。

也許是紐約州最高法院的法官也看到這種區別，所以沒有在審理中裁決這是法律意義上的「誹謗」，只是要求「Google」提供這個匿名博客的真實姓名，把「她」的面具摘掉了。在獲得這個結果之後，加拿大模特兒科恩撤掉了訴訟。她可能認為已經達到了目的（讓人們知道了這個匿名者是誰）。而且從網路討論來看，這兩個女性可能還有瓜葛，因為科恩說，她曾跟自己的前男友說過對波特「不友好」的話。意思是，波特由此懷恨在心，利用匿名網路對她進行「報復」。

雖然科恩撤訴了，但波特這邊卻沒有結束，堅持聲稱要向

Google索賠一千五百萬美元。但對這個官司，當時就沒人看好，因Google公布波特的眞實姓名，是服從法院的命令，做爲在美國註冊的公司，它必須遵守法治。但波特的律師表示，他們將把這個案子一直打到美國最高法院，因爲這涉及到網路這個最新科技領域的言論自由問題。但事實是，波特只是威脅一下而已，此案近10年過去，波特並沒有眞正起訴Google。

但紐約州最高法院的裁決，就已確立了一個標準。因爲美國的法律不是像中國那樣是成文法（事先制定好的法律條文），而是案例法，即高等法院的判案結果，爲今後同類案件提供一個法律標準。這次紐約州最高法院的裁決在兩個方面都提供了一個司法樣本：第一，對公眾人物，使用任何抽象形容詞都不受誹謗制裁；第二，匿名者在網絡罵人，如被罵者要求該網絡公司公開匿名者身分，網絡公司必須公開，讓罵人者顯出原形，受到社會輿論的抨擊（而不是法律制裁）。

所以，從此案的裁決可以看出，評論家李筱峰痛斥國民黨立委蔡正元的用詞，在美國完全沒有誹謗案可打。台灣的司法，仍是黨國時代的。

從女童割喉案
看死刑存廢

2016年台灣發生的女童被割喉案，使死刑存廢問題再度成為焦點。當時民調顯示，84%的台灣民眾不贊成廢除死刑，贊成的只有8%。2015年的民調，82%不贊成廢除死刑。這次增加了兩個百分點。

台灣（還有日本、南韓等亞洲國家）跟歐洲不同，多數民眾贊成死刑，認為這能體現司法正義。但仍有少數人主張廢死，跟歐洲的輿論類似，認為廢死才更人道。那麼哪一種說法更有道理，哪一個更體現人道原則？

無論是台灣、歐洲、還是美國，全球反對死刑者的理由大同小異，主要有五個方面。但如果從基本邏輯、常理、常識來評判，他們的理由多是經不住推敲、站不住腳的。

反對死刑者的第一個理由是：法律規定「不可殺人」，如以「殺人」處罰違法者，是自相矛盾。意思是，罪犯殺人不對，但我們也沒有權利剝奪別人（殺人犯）的生命。生命是神聖的，每一個生命都值得珍惜，誰也無權剝奪。由此為反對死刑奠定理論基礎。

但這個理由實在不堪一駁。常理和法律所指的「不可殺

人」，當然是指：一、不可「首先」殺人；二、不可殺「無辜」的人。在法治社會，法庭判決的殺人，不是發生在「個人之間」的相互報復謀殺，而是代表公權力為受害者伸張正義，懲罰殺人犯。這兩個表面看都是「生命被結束」，性質卻完全不同：一個是殺害無辜，一個是公義處決罪犯。首先（主動）屠殺無辜的罪犯，其生命的價值和無辜受害者絕不是等量齊觀的。

反對死刑的人，往往強調那個殺人犯的生命多麼寶貴，而不最看重那個被害者的生命。他們用兩個生命同等重要，來抹殺兩個生命的不同價值和意義。事實和常理是，當那個兇手殘忍地把女童割喉之後，他的生命和價值就絕不能再跟那個女童對等，絕不具有相同價值！這是最重要的一點！如果再把兇手的生命跟女童的生命、跟其他人的生命等量齊觀，並因此對兇手不嚴厲懲罰，那就沒有司法公正，是對生命價值的踐踏。而沒有司法公義和公正，就不會有真正的人道！

另外，如果「不可用結束生命的方式對待殺人犯」的邏輯成立，那麼監獄也不能關押罪犯了。因為同樣可用「不可剝奪他人自由」的邏輯來狡辯：「雖然犯罪分子剝奪無辜者的自由或財產（強姦、搶劫等）是錯的，但其他人卻沒有權力剝奪搶劫／強姦者的自由。」如此邏輯成立的話，這世界就沒有司法、沒有原則，更無正義可言了，整個世界就徹底亂套了。

那種「誰都不可殺人」論調錯誤的根本點，是模糊公權力判決和個人犯罪之間的界限與性質。西方和東方的左派們（很多是偽善者），總是為了站道德高地、唱政治正確的高調，尤其是為

了顯擺他們多麼人道，而拋棄最基本的邏輯常識。他們對罪犯的同情，往往超過對遵紀守法的無辜者的同情。這是最顛倒價值、攪亂世界的惡行！

事實上，只有保留死刑，使罪大惡極者（如台灣割喉兇手等）受到公義處罰，才是保護無辜生命的重要法治手段和公義原則，才是真正人道的體現。

反對死刑者的第二個理由是：現代刑罰應重在教化，而不是報復；不能「以暴制暴，以死止死，冤冤相報」。

與前述類同，「罪犯殺害無辜者」和「法律判決罪犯死刑」是兩個概念。在私人之間才存在「報復」、「以暴制暴」、「冤冤相報」，而在法治社會的法庭審判，既不是個人對個人，也不是陪審團對個人，而是英國思想家洛克（John Locke）早就闡述過的，人民為自保而授權（通過契約轉讓）成立政府；所以法治政府的法庭，是人民授權，是民意體現。它不再是個人（私人）對他人的「報復」，而是民意對罪犯的公義審判。一個是犯罪，一個是遏制犯罪，這是兩個價值相反的內涵。偽善者、反對死刑者的最大錯誤就是攪糊概念、顛倒價值。

台灣前警政署長侯友宜反對廢除死刑，他有一個充分的法律專業理由。他說，社會大眾看殺人案件，多是照片和資料，然後多是兇手告饒，甚至悔恨等場面。但他看過很多殺人現場，感受就很不同。他說，例如台灣著名的陳進興殺人案，侯友宜做為警政人員看過那三個無辜者被殺的現場，那真是慘不忍睹。後來他跟陳進興交談過，陳犯對自己殘忍殺人，談起來津津有味，連說

帶笑，毫無悔意。侯友宜當時的感覺，「兇手不是禽獸而已，簡直是妖魔了。」

而主張廢除死刑的人，看不到這些，只是看到殺人犯後來長年累月（死刑執行很慢很難）的求助形象，而沒有看到他們殺人時那種兇殘，所以就感情用事地同情那個把別人的生命殘忍剝奪的罪犯，強調其生命的寶貴。侯友宜把它稱作「感受的不平衡」。他引述民調說，在台灣，司法人員贊成死刑的比例最高。因為他們辦案、接觸得最多，感同身受最多。所以，必須保留死刑，執行死刑。這是司法正義，不是「報復」、「以暴制暴」。

反對死刑者的第三個理由是，死刑起不到殺一儆百的作用，犯罪是多方面因素造成的，而且他們尤其願意強調罪犯以前的挫折經歷等，來替罪犯辯解、釋罪。

死刑有沒有「殺一儆百」的作用？從常理來看，當然會有。中文自古就有「殺人償命」的說法，這個「償命」當然會對謀殺者起到心理遏阻作用；也就是說，你殺人，等於殺你自己！這給欲殺人者只有一個極小的縫隙：僥倖不被抓住，否則你就償命。這種概念深入人心，當然遏阻殺人行為。

美國很多學者研究指出，死刑對遏阻謀殺犯罪具有「很強的嚇阻力」。美國智庫「傳統基金會」資深研究員David Muhlhausen曾就此在參議院司法小組聽證會做了「死刑嚇阻犯罪、拯救生命」的證詞：九十年代美國Emory大學的Paul Rubin等三名學者，對美國三千個城鎮20年間的犯罪數據研究展示，平均執行一次死刑，可挽救18條被謀害的人命。

在美國，即使反對死刑的學者也承認，死刑有遏阻謀殺的作用。上述三名學者之一的Joanna Shepherd教授就是反對死刑的，但他2005年發表的研究報告也指出，1977 至 1996 年，在美國每年處決 9 人以上的州，死刑才有嚇阻作用。意思是說，死刑執行的太少，阻遏作用就降低。因為殺人者在僥倖不被抓住的同時，又增加了一個即使被抓住也很可能不被處死的第二個僥倖心理，因此殺人案增多。

台灣發生女童割喉案後的民調顯示，有79%民眾認為執行死刑對防止重大犯罪有幫助，15%民眾則認為無幫助。前警政署長侯友宜不僅贊成死刑，而且特別強調，死刑對遏阻犯罪絕對有作用，他並以博士論文推證這個觀點。

另一顯而易見的常識是，死刑不僅可以殺一儆百，遏阻謀殺，而且確保殺人犯再無機會殺人；否則一旦越獄（美國和墨西哥近期有三個殺人犯越獄）或被特赦而重返社會，就可能再殺人（罪犯中慣犯的機率很高，而且多是犯同樣的罪）。

反對死刑者的第四個理由是：人的生命只有一次，一旦誤判，就無法補償。可以說，在所有反對死刑的理由中，只有這一條有可站住腳的道理，也是廢除死刑呼聲中最能說服人的理由。但現在的情況是，由於DNA等多項新科技檢驗技術的產生，發生誤判的可能性在司法健全的國家已降到微乎其微。更何況，被判死刑和被執行死刑之間，還有很大距離。像在美國，自1976年最高法院裁決恢復死刑（1972年高院曾判死刑違憲）以來，至今40多年，只有75人被聯邦法庭判處死刑，其中只有3人被處決。

波士頓馬拉松爆炸案的兇手被判死刑如執行，是2001年911恐怖襲擊後（聯邦法院）的第一例。上一個被處決的是1995年炸毀俄克拉荷馬州聯邦大樓、造成169人喪生、680人受傷的恐怖分子麥克維。

在美國，死刑犯的平均上訴期（重新審理等）長達20年！說明美國對死刑謹慎到幾乎不用的地步。生命當然是寶貴的，但如果走極端因噎廢食，徹底廢除死刑，就必然導致罪犯因不擔心償命而去殺人。美國的做法目前仍可謂樣板：既不廢除死刑，但又非常嚴格謹慎實行。

像台灣發生的駭人的女童割喉案，根本不需DNA檢驗，因為是在光天化日之下進行的，女童的母親就在現場，還有路人親眼所見，可謂證據確鑿，不存在任何冤案、錯判的可能。設想如果台灣廢除了死刑，像這樣公開行兇的惡性殺人犯，就會逃過一死，那麼司法公義在哪裡？人道又在哪裡？

反對死刑者的第五個理由是：廢除死刑是世界潮流，聯合國193個成員，已有97國完全廢除死刑（58國仍保留死刑）。且不說潮流未必正確，事實上這個「世界潮流」說法也並不準確。從英、法、德、加拿大等廢除死刑的主要西方國家來看，這只是一些左傾分子（包括法官、媒體、政客們）在「政治正確」的意識形態驅使下硬性修改法律的結果，而並不是主流民意。

例如加拿大1976年就廢除死刑，但2012年（《多倫多星報》等所做的）民調顯示，在廢除死刑近40年後，61%的加拿大民眾認為，被判謀殺罪者應被處死刑。

在英國，2011年（Angus Reid所做的）民調顯示，65%的英國人支持對謀殺罪恢復死刑（28%反對）。男性和年紀超過35歲的受訪者更傾向恢復死刑。

歐洲最左國家之一的法國，1981年就廢除死刑，是當時的左翼總統密特朗和更左的司法部長巴丹戴爾根據所謂「哲學信念」而強行廢除的（後被寫入法國憲法），根本不是主流民意。當時多數法國人認為死刑是合法、必要和有效的。直到現在法國還有42%的人支持恢復死刑（反對者52%），巴黎《查理周刊》被恐怖分子襲擊、巴黎大屠殺後，法國人支持死刑的呼聲更高漲，右翼領導人也公開呼籲恢復死刑。

做為西方保守主義主要陣地的美國，主流民意一直支持死刑。1994年達到高峰，80%的人支持死刑。之後雖然反死刑運動不斷掀高潮，但2011年蓋洛普的民調是：反對死刑的美國民眾只有35%。

英國首相柴契爾夫人曾精準地指出：「人類的所有災難都來自歐洲大陸。」共產主義從俄國輸出，兩次世界大戰由德國發動，斷頭台是從法國開始。那些烏托邦導致的暴力害苦了世界。今天，廢除死刑的左派幽靈，又是先在歐洲徘徊。但在亞洲國家，理性和常識占了上風，多數人民對歐洲左派的廢除死刑缺乏興趣。

例如在南韓，2009年的民調顯示，66.7%的民眾支持死刑。近年則多達83.1%的南韓民眾贊同死刑（反對的只有11.1%）。在日本，支持死刑的比例更高，2010年的民調，85.6%的日本民

眾支持死刑，比之前的任何調查結果都要高。

在台灣，過去四分之一世紀的所有民調都是多數民眾支持死刑：1990年是75%，2001年79%，2006年76%，2008年79.7%，2010年74%，2013年初公布的民調，支持死刑的比例達歷史新高：91%！台灣跟歐洲國家更不同的是，知識菁英（包括法官等）80%以上支持死刑，只有15.9%贊成廢除死刑。

美國研究死刑問題的知名學者、紐約法學院教授Robert Blecker的觀點很有代表性，他指出，對那些有意大規模殺害平民的罪大惡極者（比如炸毀俄克拉荷馬大樓的麥克維、波士頓炸彈案的查納耶夫等）必須判死刑。對他們處罰的痛苦度必須跟罪行成比例，他更正確的話是：讓犯下如此恐怖罪行的罪犯活著是不義的！

Blecker教授之言，源於先人的智慧。最強調個人權利、奠定當代憲政民主地基的17世紀英國思想家洛克早就提出：「殺人犯損害的生命無法彌補，所以處以死刑是符合自然法的。」德國哲學家康德也持類似看法。而人類的一切法律都是從自然法演繹、延伸而來的。所謂自然法，其實就是常識法、常理法。美國刑事案件都是由12個毫無法律專業訓練的普通人做為陪審員裁決，就是信賴多數普通人的常識（常理）判斷，而不是一個專業法官。所以廢除死刑，是違背人之常理和常識的，是違背人性和人道的，其本質是偽善。而世界上的一切災難，都是從「偽」開始的。

吳育昇的情婦
為何低調

在國民黨的司法悍將王清峰任法務部長期間，她的兩個行為最令人矚目：第一，堅持要廢除死刑，並因拒不執行最高法院的死刑判決而在輿論抨擊下辭職。第二，對應該廢除的「通姦罪」，她拒絕改革，不尋求廢除。

而在同一時期，南韓的法務部做的跟台灣正相反：第一，通過決議，繼續保留死刑；第二，廢除了實行了62年的「通姦罪」。

南韓之所以保留死刑，因多數民眾贊成。上文已提到，八成南韓民眾支持死刑制度，反對者只有一成。南韓廢除通姦罪，也是尊重民意。近年因韓國女星玉素利被丈夫告通姦一案，更引起南韓輿論對通姦罪的討論。玉素利認為通姦不應是刑事案件，要求釋憲。雖然南韓高院九名大法官有五人認為通姦罪「違憲」，但因未達六人門檻而敗訴。此案引起全國關注，南韓婦女聯合會認為，通姦是私人問題，國家不應刑法處罰。民意輿論最後促成南韓通過決議廢除了通姦罪。

在21世紀的今天，通姦罪明顯是過時的貞操觀。現在除有些不許女性露臉、要帶面罩的伊斯蘭國家還有通姦罪（主要是懲罰

女性）之外，多數國家都已廢除。連中國的《刑法》，雖有幾百個罪名，但也沒有通姦罪；涉及兩性關係的罪名，只有強姦、破壞軍婚、重婚三項。而在台灣，通姦不僅是犯罪，由國家司法機關偵辦，而且還會判一年以下徒刑。在這一點上，台灣已落後於全世界。

婚外情，是與人類俱生的現象，早在《聖經》中就有記載。但在當今文明社會，都是把它放在道德層面解決，而不是由國家、司法和警察出面。例如美國的高爾夫球星老虎伍茲被揭出多角婚外性，有名有姓的女人就有十多個。但不可想像美國人會主張給他或那些女人定罪、抓去坐牢，而是輿論譴責，包括經濟懲罰（撤伍茲廣告），最後伍茲為了公眾形象和廣告商利益而公開道歉、認錯。

在台灣，有人認為，通姦罪一旦廢除，丈夫更可能外遇偷情，出現更多的「吳育昇」。但據台灣中大法律學者官曉薇對六年期間一千例通姦判決的研究統計，被告通姦的丈夫，有五成的機率被妻子撤告；但如是妻子被告通姦，只有二成三被撤回；女性被定罪的人數多於男性。所以「婦女新知基金會」副秘書長簡至潔曾撰文指出：「通姦罪反倒成為懲罰女人的武器。」

像在前文中提到的曾轟動一時的吳育昇婚外性事件，女主角孫仲瑜之所以事發後躲躲藏藏，非常低調，甚至跑到中國避風頭，其中可能的原因就是怕吳育昇太太手裡的尚方寶劍「通姦罪」，因為只要她敢說出任何不利「吳立委」的話，就可能吃官司（雖然她是單身）。荒唐的是，婚姻中的吳育昇卻不會受任何

法律懲罰。

　　中國文化欺負女性的歷史源遠流長。早在兩千年前，孔子就把女人視為小人，說「唯女子與小人難養也」，要求女人「三從」：婚前服從父親、婚後服從丈夫、夫死服從兒子，從而形成中國兩千年歧視女性的男權文化。在辛亥革命後的孫中山時代，竟有這樣的法律，妻子通姦是侵害「夫權」，丈夫殺妻屬正當防衛。在蔣介石掌權時，中華民國刑法規定，通姦罪只處罰妻子和情夫，男人外遇不在通姦罪懲罰範圍。雖然今天台灣的通姦罪改為男女均罰，但受罰的多是女性，還是一個吳育昇們事後仍可「歌吳昇平」的男權社會。

　　是否廢除通姦罪，不僅是一個是否公平對待女性的問題，而是牽扯到對私生活領域不可用國家司法處理的重大的個人權利問題。所以，跟南韓相比，台灣的前司法部長王清峰是該做的不做，不該做的去衝鋒陷陣。

面對南海仲裁
國共民三黨都瘋了

對於南海群島是島嶼還是岩礁，國際海牙法庭做出了裁決，引起巨大國際反響。北京的反應可想而知，但台灣無論藍和綠，國、民兩黨的反應竟然跟北京同調，實在是瘋掉了！為什麼？

一、為什麼國際社會普遍認為在這個問題上中國是輸家？

這有幾個原因──

第一，從技術層面，中國是《國際海洋公約》簽署國，海牙仲裁法院，是針對海洋公約問題的專設機構，做為簽署國，不承認仲裁法院結果，違背常理。

第二，事後中國也沒退出《海洋公約》，你既然還繼續承認這個公約，但是又拒絕接受公約的仲裁機構所做的結果，甚至從一開始就宣布不參加仲裁，不提供證據，不承認結果。這是明擺著的違背基本道德規矩。

第三，《國際海洋公約》有全球165國簽署，被視為國際法。中國承認這個法律，參加了公約的簽署，現在又公然違法，這是雙重的違背常理。

第四，中國在南海填海造島，因為是島嶼的話，就有周邊

200海浬專屬經濟區。中國用這種方法進行海域擴張，導致這個區域局勢緊張，影響南海的航海和飛行自由。這次仲裁認定南海主要18個島嶼都是「岩礁」，而岩礁就不具有200浬的專屬區，等於重申南海是國際海域，以保障飛行和航海自由，這重創了中國在南海的擴張企圖。

第五，南海相關國家菲律賓、越南、馬來西亞、汶萊、印尼，以及美國、日本、印度等國際輿論，都支持這個仲裁，中國空前孤立，被視為政治和外交的大失敗。香港《南華早報》說，這是天安門屠殺事件後，中共的最大失敗。所以在南海仲裁事件上，中國是最大的輸家！

二、為什麼菲律賓要把這個案子打到國際法庭，不能兩國協商解決嗎？

南海糾紛已多年，但中國推行霸權主義，做為小國的菲律賓實在沒有辦法，所以才訴諸國際法庭。因為跟北京談判，他就提出九段線，說到南海南端的群島等都是中國的。那就沒有了談判的可能。就像台灣也無法跟北京談判，中共的前提是，台灣是中國（中共）的一部分，那還怎麼談？既然菲律賓和中國都是《國際海洋公約》簽署國，有了糾紛，就送交專設的法庭仲裁，合情合理。可是中國卻拒絕參加，又不承認仲裁結果。如果簽約國都不拿國際法庭的裁決當回事兒的話，那簽約幹什麼呢？你要不承認這個仲裁的話，那就退出合約呵。又不能退出，那中國到底要幹什麼呵？

三、這個仲裁案影響中國和中華民國在南海群島的主權嗎？

不影響。因為仲裁書強調不涉及主權，也不對海域劃線，只是明確一個問題：南海的主要18個「岩礁」都不具有200浬專屬經濟區。由此從根本上解決各國聲稱的經濟區而產生的重疊和衝突問題。其實主要是遏阻中國，因為其它小國，像菲律賓、越南、汶萊、馬來西亞等，都沒有實力確保「200海浬」，而中國在南海用水泥灌注建島，現已占領七個，七個200海浬，再加上以後擴增（建島），那南海水域就會被中國控制，不僅造成跟周邊國家的衝突，更影響國際海域的航海飛行自由。所以，這個裁決雖然不涉及主權，但明顯是遏阻中國，對恢復南海區域的穩定與和平具有重要意義。

四、台灣的國民黨、民進黨為什麼都反對仲裁結果呢？

對仲裁結果反應最強烈的當然是北京當局，他們雖然粗暴地說這個裁決是一張廢紙，但卻發表了兩萬多字的白皮書反駁這張被他們稱為「廢紙」的裁決。說明他們很看重，根本不能把它當廢紙。北京的反應當然可以理解，最不可思議的是台灣的反應：國民黨全力反對這個仲裁，強調捍衛中華民國「主權」，因為台灣控制有一個太平島。但這個仲裁書開宗明義就說，它不涉及主權，不劃分水域。所以台灣的國民黨喊什麼「主權」是有意誤導民眾，在喊叫一件人家根本沒有提及的事情。

比國民黨更荒唐的，是現在執政的民進黨。他們居然也附和

國民黨，高喊捍衛主權。民進黨政府甚至還派遣戰艦去南海，蔡英文總統率文武高官登上這艘軍艦，表達所謂捍衛主權的決心。台灣的立法院，包括國民黨、民進黨、親民黨和時代力量等四個政黨，一起聯署，通過決議，譴責海牙法庭的仲裁結果，簡直比中共還強烈。中國的「人大」都沒通過決議譴責這個仲裁，而且裁決後中國也沒敢派軍艦去南海，在國際輿論下顯得理屈而低調，甚至還說要跟菲律賓談判、和平解決等等。但台灣的民進黨政府這次不僅站在中國一邊，甚至充當了北京的急先鋒，擺出跟美日菲律賓等國際社會直接對抗的態勢。民進黨政府簡直是神經錯亂，認賊作父！

這次海牙仲裁結果說，那18個小島哪個也不是島嶼，都屬於岩礁，所以都沒有200海浬的專屬區。台灣政府對其控制的太平島，以前根本都沒宣稱過它擁有該島的200海浬的專屬區，更別提確保。所以台灣等於什麼都沒損失，反而得到了可以在其它那些岩礁周圍的海域自由捕魚、通行的好處。而中國一直是聲稱它擁有自己所占領的七個島嶼各自周圍的200海浬的經濟區，所以這個裁決等於嚴重打擊了中國的擴張企圖。因為都被裁決是「岩礁」，都沒有200海浬經濟區，等於全部都是國際海域，當然更有利於台灣的漁民捕魚。

台灣連芝麻都沒丟，又得到一個西瓜，卻去跟著中國的調子譴責仲裁，這等於是「做實」了仲裁書對台灣的說法，那就是「中國的台灣當局」。

更近乎鬧劇的是，民進黨政府的陸委會居然拿出1947年蔣介

石時代的海域圖，強調捍衛中華民國的固有之疆土（當然包括海域）。按照這個邏輯的話，那民進黨政府為什麼不捍衛1947年時代「固有之疆土」的中國大陸（被中共霸占的淪陷區），為什麼不去解救「固有之疆土」上受專制政權踐踏的14億祖國同胞？為一個沒有居民的小島大鬧天宮，這豈止是可笑，簡直是荒謬至極！

　　台灣的國民黨、民進黨政客，還有媒體的名嘴們，連這麼最基本的邏輯常識都不顧，就這麼慷慨激昂地反對仲裁結果，立法院更是通過了決議抗議，簡直成了「阿Q院」，用阿Q的「精神勝利法」自我麻痺和陶醉，嚴重損害了民主台灣的形象。它起到的實質作用是欺騙台灣人民，讓台灣人民感覺，他們仍擁有蔣介石時代宣稱的、包括蒙古的大中國。這種幫助中國獨裁政權對「大中國」主權的宣稱，實質是放棄對有二千三百萬居民的台灣本島的「小」主權的捍衛。

五、中國人應該怎樣看這個仲裁案？

　　面對這個仲裁結果，中國人，尤其知識分子，應該從納粹德國的崛起中吸取教訓。當年希特勒就是強調德意志民族應該強大，要對抗外部勢力的欺壓，德國要站起來。在涉及領土問題上，希特勒煽動民族主義情緒，像歐威爾在《動物農莊》中描述的，用我們與你們、內部與外部、我國與外國，來掩蓋和回避了對和錯、是與非。結果德國人民，尤其知識分子，在民族主義、祖國強大的口號下，群情激昂，甚至同仇敵愾，支持希特勒，支

持德國崛起，支持「我國」，兼併了奧地利，占領了波蘭，隨後侵略歐洲和世界，最後把德國帶入深淵。德國這一個國家就發動了兩次世界大戰，這跟德國知識分子不看重個人權利，而是一路強調「國家強大最重要」這種思維有直接的關係。

領土（領海）爭議的基本原則是談判協商，和平解決。如果不能，就暫時擱置，先共同開發。像日本跟蘇聯有「北方四島」的領土爭議。蘇聯解體後，俄國軍力等下降，日本也沒有乘機炫耀武力，仍是繼續進行協商。

中國因為仍是專制統治，利用其國力提升，謀求在南海軍事擴張，當然引起世人反感，讓周邊國家恐懼。這次仲裁，等於打了北京政權一個耳光。如果在二戰前，國際社會打了要軍事崛起的納粹耳光，德國知識分子如果能夠理性支持，那麼納粹德國就難以崛起，不僅世界可避免災難，德國也不會有後來被打得一敗塗地、留下一頁恥辱歷史記錄的結果。

中國人要熱愛自己的國家，首先、最重要的是，不要讓自己的國家步希特勒的德國的後塵！永遠記住，人權高於主權。我們應該做的，是捍衛國際海域的和平，遏阻獨裁中國的軍事擴張。所有專制國家的軍事擴張，都是在給最終埋葬自己挖墳墓。所以任何一個真正希望中國成為理性的、民主的、和平繁榮的國家的人，都會認同國際社會遏阻中共的裁決。

台灣知識分子
認錯祖國的代價

　　在日治時代，大多數台灣知識分子都心向中國，不忍自己的家園被殖民統治，渴望台灣能有一天回到祖國──中國的懷抱。但這個「祖國夢」，卻成了比「被殖民」更悲慘的噩夢，徹底毀掉了他們的生命。台灣外交官張超英的父親張秀哲的故事就是一個典型。

　　在日本殖民統治時代他是活躍的台派知識分子，父親張聰明是台灣礦業鉅子，兒子張超英後來成為台灣的外交官。祖孫三代人都做著一個共同的「台灣夢」，它是百年來台灣人掙扎、呼喊，尋求拯救台灣之路的歷史縮影。讀懂這三代台灣人的心，或許就會更清晰台灣人的悲哀究竟在哪裡；由此對台灣的出路在何方有一個新的思路。

　　在張聰明那一代，台灣人別無選擇，生下來就被定為「日本人」。在台灣這塊自己的家園，卻成為「二等公民」。只有少數非常努力、學業比日本子弟更出色的，才有可能出頭。而張聰明就是這樣聰明的台灣人。他學會日語後，就到日本律師所做翻譯，32歲那年就登上日本人編的名人錄《台灣人物誌》。他有超眾的溝通交往能力和銳利眼光，很快就看清和尋找到經商之道，

去開辦礦山。他聰明過人，眼光獨到，魄力恢宏，最後生意做到日本、南洋和中國，成為台灣「礦業鉅子」和富豪。

張秀哲是家中獨子，備受父母寵愛。如果他走父親的經商之路，以他的條件和天資（同樣聰明），今天台灣的商賈歷史很可能有不同的一頁。但他卻倔強地選擇了另一條路。他對經商賺錢沒興趣，一心想的是救台灣，使自己的家園獲得自由。

他認為台灣人勢單力薄，只有靠「祖國」的力量才能獲救，所以單槍匹馬，跑去中國，去找國民黨，去找魯迅，去找各種政治勢力和知名人物，勸說、呼籲他們「勿忘台灣」，幫助台灣人。

後來他寫了一本書《「勿忘台灣」落花夢》，記錄自己在中國的遊說、吶喊、並組織救台團體和刊物的過程，讀來很像是一個台灣版的唐吉訶德的故事。

那個時代的不少中國政治名人，像國民黨要人戴季陶、知名將領李濟琛、廖仲愷的兒子廖承志（曾長期做中國統戰高官）等，都跟張秀哲有過接觸。廖承志和姐姐廖夢醒還是張秀哲在廣州求學時的同窗，他還跟「聰明理智而有思想的妙齡佳人」廖夢醒多次談心和通信，差點成為戀友。

張秀哲當時寫的《勿忘台灣》這本小冊子，是郭沫若作的序。他跟郭沫若有多次交往，在廣州和日本千葉都曾晤談。張秀哲辦的《台灣先鋒》雜誌，是曾任黃埔軍校副校長、北伐國民革命軍總參謀長李濟琛題的字。可見當年張秀哲是頗為活躍的台灣人。

被無數中國人（包括我本人）推崇的中國大文豪和思想家魯迅，跟張秀哲也有過多次交往。魯迅日記中，有六次記載跟張秀哲的見面，其中一次是記錄魯迅給張寫信。後來魯迅還給張秀哲的譯本《國際勞動問題》寫了序。魯迅寫到，他「不善作序，也不贊成作序」。一向用如椽大筆橫掃中國文化醜陋的魯迅，此時謙遜地表示，他「不懂勞動問題，沒有開口的資格」，「我所能負責說出來的，不過是張君於中日兩國文字，俱極精通，譯文定必十分可靠這一點了。」但魯迅後來還是寫了熱情洋溢的序文，說他要對張秀哲這位台灣青年「在遊學中尚且為民眾盡力的努力與誠意」「表出我個人的感激」。

張秀哲像魯迅筆下的「祥林嫂」，在中國，見人就喋喋不休地呼籲不要忘了台灣，請幫助台灣人結束日本統治。靠著父親的資助，他還創辦刊物，組織「台灣革命青年團」，奔走呼號，發出那個時代台灣人在中國最熱血的聲音。

在日軍占領上海期間，張秀哲在那裡被日方逮捕押送回台灣，被帶上二十多斤腳鐐投入監獄，並以「煽動叛亂罪」判刑兩年。

做為富豪子弟，他的生活應無憂無慮，做為獨子又備受父母寵愛。被投入監獄後那份難忍的煎熬可想而知。但獄牆關不住「唐吉訶德」，他仍心繫台灣，嚮往祖國。被釋放當晚，就跟著名的反日台灣人領袖蔣渭水見面，秘商向「國聯」（聯合國前身）揭發日本人要在台灣種植鴉片之事。英文申訴信是張秀哲起草的。此事經國際媒體報導和國聯派人調查，導致日本當局被迫

取消種植計劃。結果張秀哲因此在台灣被監視，日子更不好過了。

後來他又返回中國，繼續在那裡爭取「祖國」支持。但正像魯迅給他譯本寫的〈序〉中所說，中國「太破爛，內憂外患，非常之多，自顧不暇了，所以只能將台灣這些事情暫且放下」。

不贊成寫序的魯迅，能打破慣例給張秀哲這個台灣青年的書寫了序，這裡面可能就有一種對台灣人的愧疚之情。魯迅在〈序〉中寫到，聽到張秀哲說「中國人似乎都忘記了台灣，誰也不大提起」時，「我當時就像受了創痛似的，有點苦楚。」

無論從思想還是人格來說，魯迅都是中國的異數，他感到對台灣心有餘力不足。但其他眾多的中國人，包括知識分子，就沒有魯迅那般悲天憫人的情懷了。對這一點，當時一廂情願、一往情深嚮往「祖國」的張秀哲也感覺到了：「一般祖國的民眾……，對我們台灣人，像對異種民族一樣，對『台灣』的一切都覺很隔的樣子。」

但即使感覺有「隔」，被當作「異族」對待，他仍義無反顧、滿腔熱忱地希望青天白日旗插上台灣，取代日本旗。

早在1934年，蔣介石民國政府駐台灣的領館就是用的張秀哲自宅。他用象徵性租金一美元，把自家洋房給了「祖國」的外交機構用。青天白日滿地紅的「國旗」在屋頂升起，他就像看到「祖國」般高興、滿足。後來國民黨在中國潰敗，接替戴笠出任情報首腦的毛人鳳先期來台安排，就把張秀哲家做了總部，屋頂不僅飄揚青天白日旗，還插滿了無線電台的天線。國民黨也感受

到張家的「愛國情懷」，所以毛人鳳曾告訴張秀哲的父親，蔣總裁的船隻已安排在宜蘭，意思是一旦共軍攻台，可把張家也一起帶上逃走。

但是「祖國親人」踏上台灣的土地，卻把張秀哲等台灣人的「祖國夢」踩碎了，變成了一場惡夢。在隨後的228屠殺中，連張秀哲這樣的「愛國」青年也不能倖免，被關進台北警總情報部的那個被稱為「人間地獄」的地窖。如果不是富豪父親的全力疏通營救，最後由國民黨在台灣的最高行政長官陳儀親自寫條子，張秀哲就可能像無數台灣本地知識分子一樣被槍殺或活活扔進大海。

張超英後來在他那本暢銷書自傳《宮前町九十番地》中寫道，父親被救出後，變成「全然不同的另一個人……，永遠面無表情」，整天把自己關在書房，跟家人都很少說話。「他的眼神永遠看見人又似沒見著人一般。他既是活的死人，也是死的活人。」張秀哲就這樣心如槁灰，直到去世。

得是一種什麼樣絕頂的悲哀和心碎，才能使一個滿腔熱血、激昂上進、充滿理想精神的台灣青年，變成那樣慘不忍睹的「活的死人」啊！

但張秀哲並不是個例。人們可以在前台灣總統府資政彭明敏先生的自傳《自由的滋味》中讀到同樣的故事。彭先生的父親是高雄知名鄉紳領袖，德高望重，所以在1945年被推舉為「高雄歡迎委員會」主任，主持日軍撤離、國民黨軍隊登陸高雄碼頭的慶典。

但彭老先生萬萬沒有想到的是，那些下船登陸的國民黨士兵「相貌舉止不像軍人，較像苦力，一根扁擔跨著肩頭，兩頭吊掛著的是雨傘、棉被、杯子和被子，有的穿鞋子，有的沒有，擁擠著下船……」，他們「遲疑不敢面對整齊排列在兩邊、帥氣地向他們敬禮的日本軍隊」。中國是戰勝國，是來接收的，日本是戰敗國，日軍是投降撤離。但中國軍隊「邋遢不堪」，日本人軍紀整齊，兩者形成鮮明對比。彭明敏的父親當時覺得無地自容，「一生中還沒有像這樣羞愧過。」「如果旁邊有個地穴，他早已鑽入了。」

　　彭明敏在《自由的滋味》中寫到：這些中國軍隊「是以鄉村的拉夫所組成，他們一點都不理解歡迎會是專門為他們特別安排的（他們大概一生從未受人「歡迎」過）。帶領他們的軍官既無致詞，也沒有向任何人表達謝意。」「他們一下船邊便立即成為一群流氓……，開始掠奪，對他們來說，台灣人是被征服的人民。」

　　彭明敏的父親和其他鄉紳組成請願委員會，要求面見高雄要塞司令彭孟緝，可進了司令部就被五花大綁，其中一位高聲抗議，結果「被以鐵絲取代繩索捆綁起來，鐵絲並以老虎鉗旋緊，直到痛極慘叫。經過一夜苦刑之後，他就被槍決了。」

　　由於家人全力營救，彭父才逃過一死。但回到家後，他也跟張秀哲一樣，完全變成另一個人。彭明敏描述說：「父親回到家裡，兩天沒有吃東西，心情粉碎，徹底幻滅了。從此，他再也不參與中國的政治，或理會中國的公共事務了。他所嚐到的是一個

被出賣的理想主義者的悲痛。」

從彭父留給子女的三條遺訓，可看出他對「祖國」甚至對中國人的厭惡：第一，他為身上的華人血統感到可恥；第二，要子孫跟外國人通婚（等於不讓他們再找華人）；第三，後代再也不要宣稱自己是中國人。這跟張秀哲一樣，也是徹骨地絕望！

台灣另一位知識分子、詩人巫永福老先生，也是同樣的故事。我看過他早年寫的兩首詩，一首叫〈孤兒之戀〉，寫台灣人在日本殖民統治下的心靈痛苦，那種對自由的渴望，對祖國的懷戀。詩的結尾是，詩人說他希望像一隻掙脫籠子的公雞，「勇敢地跳上屋頂，從咽喉迸出高亢的聲音。」

巫永福在另一首題為〈氣球〉的詩裡寫道，他所渴望的祖國終於來了，蔣介石的軍隊登陸台灣，可是他們帶來的是更嚴酷的專制，台灣人像氣球一樣，被繩子拴著，無論怎樣「在風中掙扎」，都無法獲得自由，因為「主人緊緊握著繩索」，而且告訴氣球說：「我時時在監視你，知道嗎？」

跟張秀哲和彭明敏的父親等一樣，巫永福所表達的，都是失望、絕望、幻想的破滅。

張超英曾描繪說，228事件像一把血腥大刀，砍向他父親的靈魂，「父親如一枚炙熱燃燒的火球，驟然墜入冰河，從此沉寂在酷寒的大海。」這是一個非常傳神的比喻。火與冰碰撞，其巨大溫差，不僅撕心裂肺，也足以滅掉最後一絲熱氣。

我不知道張秀哲在隨後倖存、沉默的二十多年裡，在苦思冥想的悲苦中，是不是最後想明白了，自己錯在哪裡？他當年在中

國求助時，就隱約感覺到了，中國民眾跟台灣的「隔」，他們把台灣人當作「異族」。他只是朦朧地感覺，但爲這種「朦朧」差點付出生命的代價，雖然倖存，但靈魂被「殺死」了。

他的後來做了台灣外交官的兒子張超英，卻想明白了父親錯在哪裡。他在過世前給父親張秀哲那本《勿忘台灣》的書寫的序文中說，父親「所謂的中國『祖國』是一場惡夢，呼籲中國『勿忘台灣』更是一場落花夢。台灣人只有僅靠自己，團結一致，赤誠守護台灣，才能建設台灣爲永遠美好的家園」。

所以張超英沒有他父親那種尋找「祖國」的夢幻，而是走了另一條路：他做外交官被派駐東京時，去密見了台獨聯盟主席許世楷和辜寬敏等。在美國時，密見了台獨運動領袖彭明敏。這在當時是絕對的禁忌。七十年代初彭明敏在美國首都華盛頓紀念碑前給台灣人演講，張超英也去聆聽，他在自傳中說：「即使遠在海外，顧忌還是有：大家都戴面具，也不敢靠太近。」

在美國首都華盛頓，台灣人聽彭明敏演講要戴面具，被國民黨嚇到如此地步！這真是駭人聽聞。從哪個獨裁國家逃到美國的人中，也沒聽說過有這種情形。可以想見，國民黨在台灣的白色恐怖嚴酷到了何等地步！

張超英身在曹營心繫台灣，利用外交官身分，在國際上力爭台灣的地位和尊嚴。他精通英文、日文（在東京出生），以他父親那樣的激情和活力，廣交美日媒體朋友，在八十年代，他獨自運作，促成新聞局長宋楚瑜密見了日本首相；九十年代，他策劃邀請了日本著名傳記作家江口克彥（松下電器創辦人松下幸之助

的秘書，其松下傳記在日本狂銷四百萬冊，成爲日本家喻戶曉的作家）訪問了李登輝總統，寫出《李登輝：台灣人的主張》，轟動台日。連美國跟中華民國斷交，張超英也是通過美國大牌電視主播朋友事先得到消息，提前八小時回報外交部，爲台灣贏得寶貴的應對時間。

但無論張超英對台灣的外交做出多少貢獻，他一直都不被重用；用國民黨總政戰處主任王昇的說法：「你是台灣人哦。」李登輝感嘆「生爲台灣人的悲哀」，而對張超英來說，生爲台灣人則是「原罪」了。但他退休之後卻自豪地在自傳中說：「雖然我在國民黨政府做事，但拒絕加入國民黨，心裡始終唸著自己是台灣人，要盡可能爲台灣做點事，而不是爲國民黨。」「生爲他們（父母）的獨子，體內或許也流著相同的熱血，一心所想，就是本著自由、民主、人權，要提高台灣人的尊嚴與地位。」

張超英敢於做出這樣的選擇，不僅因他身上有父親張秀哲那樣的血性，還由於他有強大的後盾，他的妻子顏千鶴爲台灣發聲的膽量更大。他們兩人的結合，也是一種傳奇，可謂特殊類型的「門當戶對」，因爲兩家的歷史非常相像：顏千鶴的祖父顏會也是知名富商、台中的望族；他很早就送千鶴的父親顏西川去日本念中學，結果西川像張超英的父親張秀哲一樣，產生了強烈的中國意識，盼望結束日本對台灣的統治。他也像張秀哲一樣到中國去尋求支持，也同樣感受到，「他們（在中國見到的人）不把我們當作中國人。」當蔣介石的軍隊來到台灣時，千鶴的伯父被以莫須有的「親日」罪名抓走了，千鶴的父親擔心也被抓，就和其

他30名青年一起從高雄乘船逃往日本，但到了琉球時，日方不允許他們上岸，說他們不是日本人。結果，他們在海上漂流了50天，九死一生後，漂到了澳門，有幾位青年死在了船上。而在隨後的長達31年裡，千鶴的父親都不被蔣介石政權允許回到台灣。

千鶴是在大學一年級的時候，才第一次收到父親的來信。而多年把自己關在書房、心已經成死灰的超英的父親，對千鶴跟超英的結婚典禮都無心參加，最後在婚禮中，他出來用上海話、國語、日語、英語感謝大家出席孩子的婚禮，然後隨即離去。後來在張超英的女兒出生的時候，父親張秀哲對自己獨子的第一個孩子，連看一眼的願望都沒有。國民黨不僅滅了他對祖國的幻想，也滅了他對人生的一切興趣，成了一個真正的活死人。

父輩如此悲憤的生命，使顏千鶴確信，台灣人民必須做自己的主人。所以，在1978年美國宣布跟台灣斷交時，美國三大電視之一的全國廣播公司（NBC）訪問紐約的台灣人教會，顏千鶴受訪時直言：「我對美國和中國建交沒有意見。但台灣的將來，應由住在台灣的一千六百萬人來做決定，而不是由美國和中國來代為作主。」當晚這番話在美國電視播出。張超英第二天去上班時，已準備好丟掉職務。後來上司保他，報告台北當局說，是張太太過於緊張而說了錯話。但台北當局派人來查問時，顏千鶴竟擲地有聲地回答：「我沒有緊張，也沒有說錯話。」

張超英和彭明敏一樣，父親對「祖國」夢幻破滅，所以選擇了一條不同的道路，不再對什麼「祖國」有幻想，而是認清自己是台灣人，要靠自己的力量建立一個自己的國家。就像半個世紀

前彭明敏在《台灣人民自救宣言》中所說：結束國民黨統治，制定新憲法，建立一個新國家。

有言道：「哀莫大於心死，苦莫大於心不死。」張超英的祖父和父親，彭明敏的父親，都是「哀莫大於心死」的典型。而張超英和顏千鶴夫婦，則是千千萬萬「苦莫大於心不死」的代表。父輩錯誤方向的台灣夢破碎了，他們用兩代人生命的代價，讓張超英這一代得到了清晰的認知：依靠外在的力量，不可能實現你的台灣夢。台灣只有成為台灣人自己的國家，台灣人民才可能有尊嚴地站起來。

從瑞士新加坡
看台灣獨立

    我在文章和電視節目中，最常講到的國家就是美國，當然是希望台灣在很多方面，尤其是在制度層面，盡可能多地向美國學習。但美國畢竟是大國，有些方面跟台灣不易類比，那我們就從兩個比台灣還小的國家的例子來看一下台灣獨立的前景。

    一個就是瑞士。不少台灣人希望台灣成為東方的瑞士，那種中立、獨立、富有而和平的國家。這個願望當然是美麗的，但為什麼瑞士能做到這一點，他們的人民是以什麼樣的價值為根基呢？

    2009年夏天，我曾到瑞士參加「國際藏漢會議」，第一次目睹那個美麗而和平的國家。首先瑞士的人口組成就令我驚奇：74%是德國人，20%法國人，5%義大利人，1%羅曼人（古羅馬人）。一個國家四分之三是德國人或後裔，但在第二次世界大戰時，納粹德國攻城掠地，占領擴張，簡直要霸占全球，在那種時刻，為什麼在瑞士占絕對多數的德國人不主張跟德國統一，或者說回歸祖國呢？

    那時候，納粹德國不僅吞併了奧地利、兼併了捷克斯洛伐克境內的蘇台德區，納粹的坦克軍團還進攻法國、英國甚至非洲，

要建立大德意志帝國。那個時候，小小的瑞士，還跟德國接壤，只要占四分之三多數的德國人要求跟德國統一，希特勒稍微表示一下「順應民意」，那瑞士就成爲德國的一個飛地、一個省了。

當時的德國可謂不可一世，無論軍事還是經濟上都是世界強國，瑞士成爲德國的一部分，就是成爲強盛的一部分，成爲崛起的一部分，成爲大國的一部分。瑞士的小，就變成了大，成爲強大的一部分。在瑞士的占絕對多數的德國後裔，怎麼就不看到這一點呢？他們怎麼就不要求統一，回歸Motherland（母國）呢？

當時的瑞士，完全沒有這種聲音，所以希特勒才無法找借口吞併瑞士。反而瑞士表示要中立，等於是不站在德國那一邊，由此保住自己國家的生存。我一直在思考，當時瑞士的德國後裔，那些德國人爲什麼不心向強大的德國？

最根本的原因，是那裡的德國人也好、法國人、義大利人也好，有一種很強大的心理，這種心理來自在西方最常強調的一個詞：individualism（個體主義）。這種個體主義的人生哲學，這種個體主義的價值理念，導致他們心靈強大，心理獨立。心理強大、心靈獨立的人，不需要靠群體壯膽，不需要靠多數撐腰，不需要依賴其它什麼祖國、強國來增加自己的份量。他們相信自己、依賴自己，有自信。

所以在瑞士的四分之三德國人，20%法國人，5%的義大利人，他們視自己是「瑞士人」。他們不依附什麼德國、法國、義大利，他們依靠的是自己；他們有獨立的人格、獨立的理念、獨立的心靈。由此，才締造了最初的瑞士，又在戰亂中保住了自己

的獨立主權。最根本的原因，是因為他們把自己當作瑞士人，並為自己是瑞士人而驕傲，而理直氣壯地存在，而頂天立地地站立。所以雖然瑞士國很小，但做瑞士人他們很自豪，很高大。

另外一個原因是，主要由移民組成的國家反而會有很強烈的命運共同感，會更傾向獨立，而不喜歡統一。像瑞士，全是移民組成的，有很強的獨立意識。因為大家都是移民，同舟共濟，是命運共同體。這也是瑞士人不願成為德國一部分的原因之一。

像美國這個移民國家也是這樣，當初建國的時候，除了很少的土著印第安人，其他全部都是外來的，從英國、德國、法國等歐洲國家來的，其中英國人占到四分之三。那時候的大英帝國，可是比今天中國在世界的地位強大多了，那是全球唯一的超強。但那些居住在美國的英國人為什麼就硬要脫離一個強大的母國呢？

原因跟瑞士可能相同，也因為是移民構成，大家形成一種命運共同體，所以更容易傾向獨立，建立新國家。他們也是像瑞士那樣，有個體主義文化，有獨立人格和尊嚴意識。

移民相對來說是比較勇敢、有冒險精神的，也就是膽大的。因為你背井離鄉，敢到另外一個國家開始新的生活，那是有風險的。今天從倫敦到紐約，坐飛機是6小時；但當時從倫敦到紐約坐船要90天，春夏秋冬，等於坐一個季節，一個季度！

尤其嚴重的問題是，那時沒有冰箱，食物很困難儲存，很多都腐爛掉，再加上醫療落後等，很多人都死在前往美國的船上。對美國獨立做出重大貢獻的英國人潘恩，當年寫了一本重要的書

叫《常識》，提出美國從英國獨立出來是人民的選擇權利，是常識。他當年（1774年）從倫敦坐船首次來美國，到了美國海岸的時候，是用毯子裹著抬下來的，他在船上感染了熱病，奄奄一息。最後治療了六個星期才活過來。跟他同船的好幾位乘客都死在旅途之中。所以一個新興的移民國家，它的人民多是有強烈的求新、創新和冒險精神，有比較強大的心靈，這跟一個國家的獨立有相當的心理關係。

另一個可以給台灣啓示的國家比瑞士還小，是新加坡。當然有些台灣朋友對李光耀家族政府很不滿，因爲他們曾諂媚北京，在聯合國發言欺負台灣。但是拋開這些，新加坡能保住自己的獨立國家主權地位，對台灣是很有借鑑意義的。

瑞士的國土跟台灣差不多，是四萬平方公里。新加坡就更小了，才716平方公里，不要說上萬，連上千都不到。新加坡的領土是台灣三萬多平方公里的五十分之一。

新加坡可謂彈丸之地，不是更容易被它國吞併嗎？尤其新加坡的五百四十萬人口中，75%是華人，這跟瑞士的德國後裔比例四分之三是一樣的。而且新加坡獨立建國的時間點又不是很好。因爲新加坡獨立的第二年（1966），中國就爆發文化大革命，對內瘋狂批鬥，對外輸出革命。那個時候，毛澤東、周恩來們，想把華人占多數的新加坡變成東南亞的古巴，成爲紅色中國的勢力範圍。中共直接指揮馬來西亞的共產黨，滲透新加坡，進行革命煽動。剛剛獨立的新加坡，面臨危機。

在這種局勢下，新加坡的李光耀們，採取了三大措施來抵抗

中國的統戰和革命滲透。一個是全面跟美國結盟，來確保自己的國家安全。新加坡政府過去五十多年來一直是美國的盟友，從來沒有反美。第二個，實行市場經濟，保護私有財產，結果促進了新加坡的經濟繁榮。有了經濟發展，才有社會穩定。第三個，就是切斷在語言上跟中國的內在連結，強調英文教育。現在新加坡的五百四十萬人口，80%以上說英文，英文成為主要語言。切斷了中文，就等於切斷了跟什麼母國的新生兒臍帶，就等於「斷奶」，不再跟什麼母語母國有內在連結。而且英語的普及，非常有利在當今這個網絡時代跟上世界的腳步。

親美、市場經濟、使用英文，這三大政策，使新加坡沒有被中國統戰成功，保住了自己的獨立主權，同時也保持了李光耀們的長期執政。李光耀的人民行動黨自1965年新加坡獨立以來一直執政。當然沒有政黨輪替，不是真正的民主，但新加坡的反對黨基本上是極左派，他們的親中國、強調母語中文、反美，以及左傾的均貧富社會主義政策等等，在新加坡都不受到中產階級的歡迎。所以每一次選舉，在野黨都輸，這並不是李光耀家族左右選舉的結果，而是新加坡中產階級心態的正常體現。李光耀的人民行動黨在新加坡過去五十多年的選舉中，得票率從來沒有低過60%。這跟新加坡是城市國家、沒有農村農民、都是中產階級有關。中產階級希望社會穩定，經濟發展，不喜歡左派的反美親中國、走社會主義道路等。這一點，應該是台灣綠營領導人非常認真考慮的，如果走左派的高稅收、均貧富，甚至反美的道路，很難得到中產階級的歡迎和選票。

從瑞士和新加坡的經驗可以看出，國家不在大小，只要走在正向價值的路上，獨立並不是多麼難以實現的夢想。

後記

　　我從事寫作至今也有40年了，還從來沒有像編寫這本書這樣緊張地趕過工，簡直像打一場硬仗。因爲是在前後一個月內，連編帶寫，出兩本書，還要在每週六天播出的電視政論節目上評論時事。回想一下都累得頭疼。

　　本來只計劃編一本汪笨湖先生紀念文集，但出版該書的前衛林文欽社長邀我也給他一部關於台灣的書稿。感謝他的盛情，我就一口答應了，卻對工作量嚴重估計不足。

　　我跟妻子3月底來到台灣，參加好友笨湖的追思會。爲了趕在我們回美國前同時開兩本新書的發表會，就必須兩本書同時都印出來。在把笨湖紀念文集的最後校訂稿送出去之後，只剩十幾天時間編輯我自己的書。不僅要在自己的大量文章中挑選，還有許多要刪改。尤其是因爲這本書中有很多批評文章，雖然在美國絕無被告誹謗官司的可能，但因台灣有很糟糕的誹謗惡法，所以一再有朋友叮囑要小心。儘管我對自己的文章完全有把握，更完全不怕任何惡霸的誹謗官司，但爲減少可能的麻煩，還是仔細地重新修訂了所有的文字。與此同時也爲台灣感到深深的悲哀。民主轉型20多年了，作者們還要小心翼翼，避免因政治評論而惹上

誹謗官司。就在我編輯這本書期間，就有記者被前總統告誹謗，結果總統贏了。惡霸不可怕，可怕的是政府跟惡霸聯手。台灣目前的法律仍是國民黨黨國時代的，所以還在繼續其惡行。只要司法不改革，台灣就沒有真正的新聞自由，台灣人民就沒有真正的抬頭之日。所以，這本書堅持以「罵」為主，也是為在台灣捍衛言論自由做一點小小的努力。

在不到20天內，除了挑選、編輯、修訂出12萬字，還重新寫了幾篇，包括關於李敖的長篇。再加上去參加政論節目，這簡直是「無法完成的任務」。

慶幸的是，我有一個堅定且有力的後台支持，就是妻子康尼。她再一次擱置了自己的寫作，陪我來台灣，一如既往地跟我一起肩並肩地工作，不僅幫我改文章，而且很多時候幫我寫，我只說個大綱，就由她完成了。但她堅持不署名，把榮譽給了我。多少感激，只能再重複一遍，有這樣思想非常共鳴、且「授人之美」的妻子，是我這一生最大的幸運！

我們爭分奪秒地工作，不僅謝絕了所有朋友的邀約，連去小餐館點兩碗麵的功夫都沒有。每天到樓下的「便利店」買兩盒咖哩飯，盯著電腦就吞下去了，第一次在台灣忍著「飢餓」，完成了這本書。還是要再說一句感謝妻子康尼，沒有她的付出，這本書根本無法按期完成。

最後要感謝前衛出版社的林文欽社長，鄭清鴻主編和責任編輯林雅雯小姐。在這麼短的時間內，緊急地把書編排出來，很費心思地幫助起書名，並精心設計了封面等等。他們的敬業和專業

令人敬佩。

　　每一次來台灣都像打一場戰役，保衛民主台灣之戰，是保衛我們自己所追求的理念價值。這本書留下一個腳印，我和妻子都很欣慰。

曹長青
2017年4月25日凌晨於台北

國家圖書館出版品預行編目（CIP）資料

罵讚台灣人與事
　曹長青著.
　- - 初版.- - 台北市；前衛，2017.05
　256面；15×21公分

　ISBN 978-957-801-821-1(平裝)

　1. 臺灣政治　2.時事評論　3.言論集

573.07　　　　　　　　　　　106007036

罵讚台灣人與事

作　　者　曹長青
責任編輯　林雅雯
封面設計　黃聖文
美術編輯　宸遠彩藝

出 版 者　前衛出版社
　　　　　10468 台北市中山區農安街153號4F之3
　　　　　Tel：02-25865708　Fax：02-25863758
　　　　　郵撥帳號：05625551
　　　　　E-mail：a4791@ms15.hinet.net
　　　　　http://www.avanguard.com.tw
出版總監　林文欽
法律顧問　南國春秋法律事務所
出版日期　2017年5月初版一刷
　　　　　2017年5月初版二刷

總 經 銷　紅螞蟻圖書有限公司
　　　　　台北市內湖區舊宗路二段121巷19號
　　　　　Tel：02-27953656　Fax：02-27954100
定　　價　新台幣250元

©Avanguard Publishing House 2017
Printed in Taiwan　ISBN 978-957-801-821-1